VON KRITZEL**PIXEL**

MANGA ZEICHNEN LERNEN MIT SPAß

WILLKOMMEN BEI:
MANGA ZEICHNEN LERNEN MIT SPAß.

Und die Betonung liegt auf Spaß. Hi, mein Name ist Isabel, bekannt als KritzelPixel, und ich präsentiere dir hier mein neustes Buch.

Das Konzept habe ich mit meiner Community entwickelt, basierend auf dem Feedback zu meinen anderen Zeichenbüchern. Es ist die ideale Ergänzung zu meinen anderen sehr handwerklichen Zeichnen-lernen-Büchern.

„Manga zeichnen lernen mit Spaß" wurde inspiriert von meinen Anfängen. Damals habe ich die Liebe zur Kunst durch das Abzeichnen und Abpausen meiner liebsten Mangaheldinnen entdeckt. Schnelle Erfolge haben mir die Energie gegeben dranzubleiben, um das Handwerk zu erlernen. Diesen Spaß möchte ich auch dir vermitteln.

Kunst braucht kein Talent, Kunst soll Spaß machen.
Also wünsche ich dir ganz viel Vergnügen beim Figurenzeichnen und dem spielerischen Lernen dabei!

Isabel Zimmermann / KritzelPixel

Ergänzende Informationen zum Zeichnenlernen auf: kritzelpixel.de

INHALT

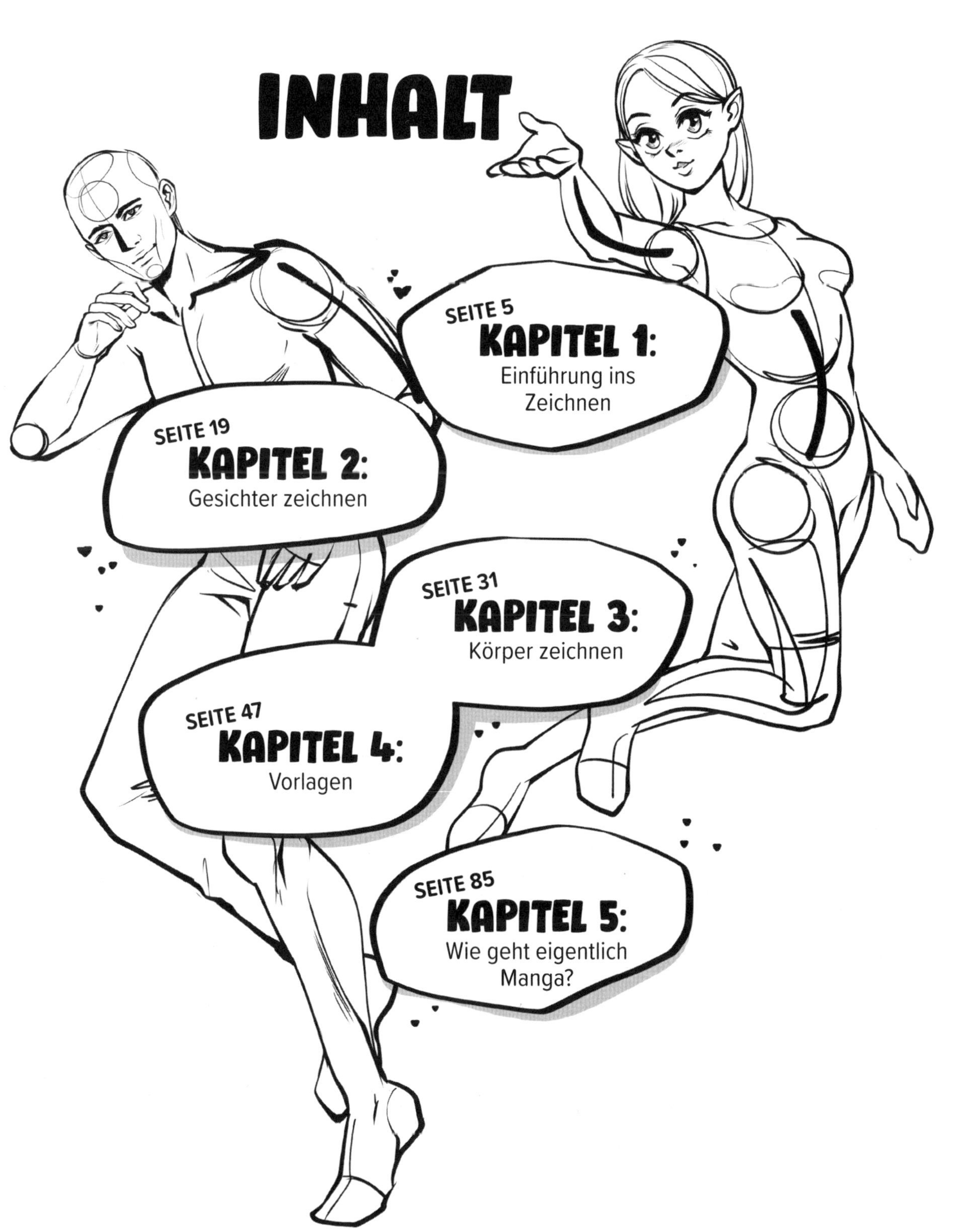

EIN KLEINER VORGESCHMACK

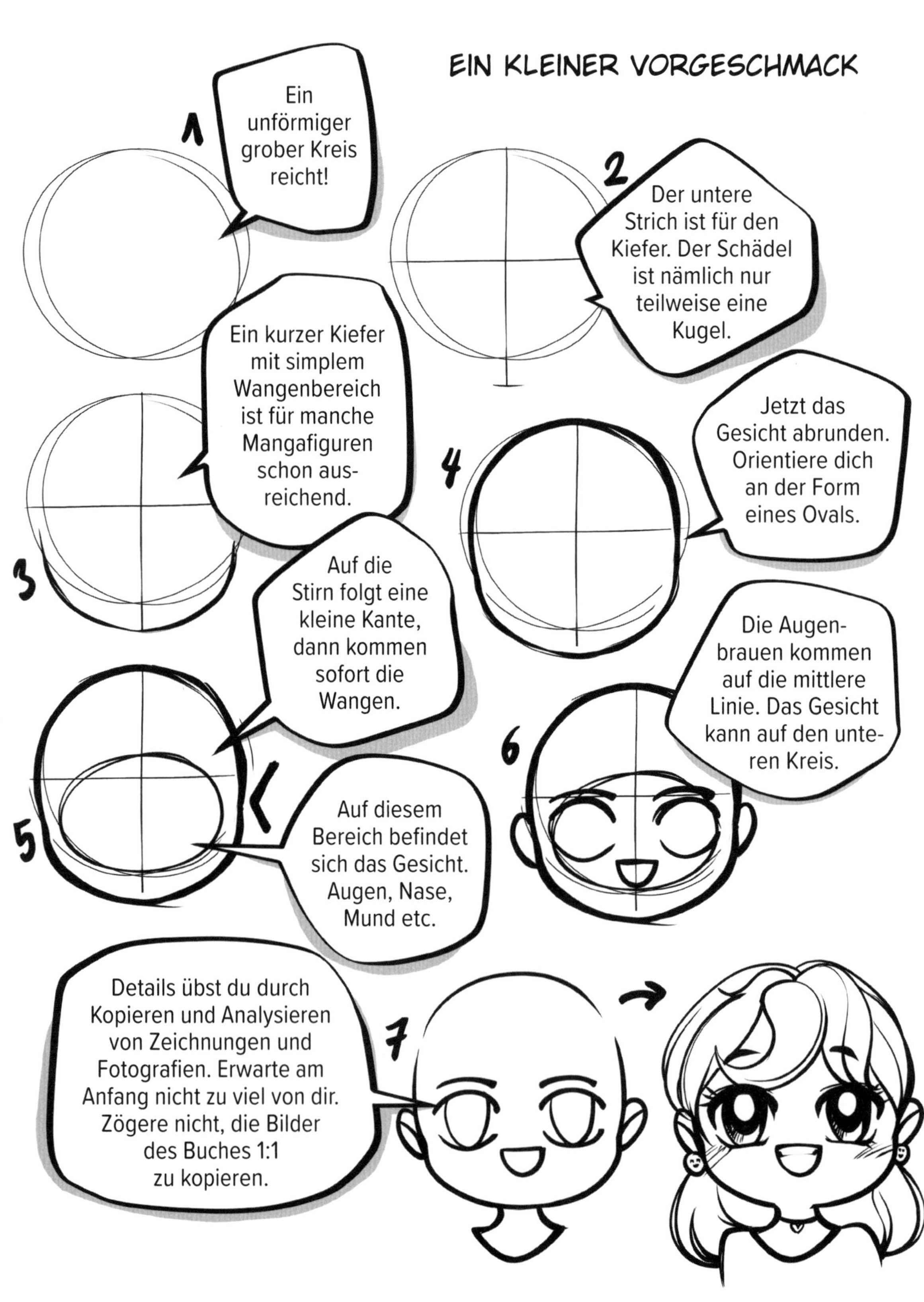

KAPITEL 1:
EINFÜHRUNG INS ZEICHNEN

Was ist Manga?
Zunächst ist das nichts weiter als der japanische Begriff für Comics. Aber die Bezeichnung Manga lässt uns auch direkt an bestimmte Zeichenstile denken. Von runden Gesichtern mit großen Augen bis zu kantigen Figuren mit ernstem, erwachsenem Ausdruck – Manga bietet für alle den passenden Stil. Stil? Das ist die Art und Weise, wie z.B. Figuren dargestellt werden.

EINFÜHRUNG

Dieses Buch richtet sich gleichermaßen an Anfänger, Casual Artists und Fortgeschrittene, die Vorlagen und Tricks sammeln. Nicht jeder möchte oder kann tausend Stunden in Kunststudien investieren, richtig? Zeichnen darf Gelegenheitshobby sein. Um im Mangastil zu zeichnen, braucht es aber eigentlich umfassende Grundkenntnisse und vor allem ein Verständnis für realistisches Zeichnen. Wenn du einfach mal nur deine Fantasiefiguren zeichnen möchtest oder einen Charakter aus einem Pen-and-Paper-Rollenspiel, dann nehme ich dich hier an die Hand. Wenn du nach mehr strebst, findest du hier einen guten Start zum Thema Mangastile.

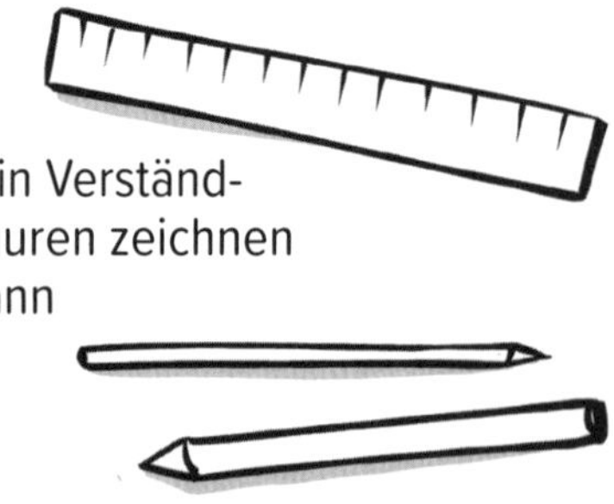

In diesem Buch zeichnen wir mit Vorlagen. Mit denen erkläre ich, wie stilistisches Zeichnen funktioniert und wie du dir selbst Vorlagen gestalten kannst.

WAS BRAUCHST DU?

AUFWÄRMÜBUNGEN

MOTORIKÜBUNGEN

ZUR MOTORIK KOMMEN FORMSTUDIEN

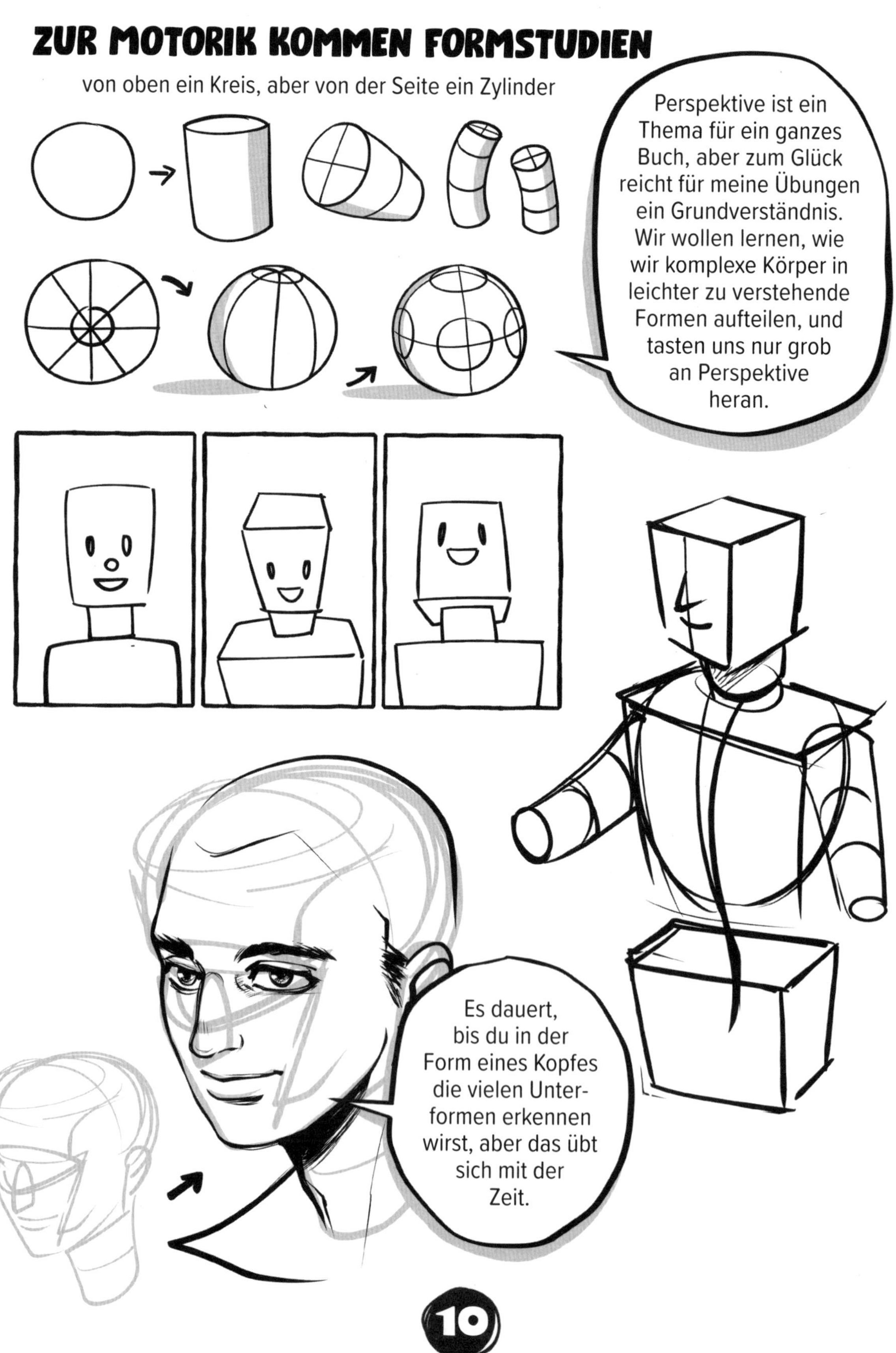

Das Zeichnen von Röhren, Zylindern, Kegeln, aber auch Pyramiden, Eiern, Kugeln, Kisten hilft dir, dich auf dreidimensionale Figuren vorzubereiten. Dabei können dir Bauklötze, Obst und selbst aus Knete geformte Figuren als Vorlagen dienen.
NAH
FERN
VON DER SEITE
FERN
NAH
Zeichne diese Formen mehrfach ab. Du musst das Prinzip dafür nicht verstehen.
Manchmal braucht es einfach Kopieren und Üben, bis es im Kopf „Klick“ macht. Ging mir oft so!
GEBOGEN
An unseren Körpern ist selten etwas gerade. Also verbiege ruhig deine Formen.
Wenn ich mir Hilfslinien über Fotografien einzeichne, folge ich auch mehr den natürlichen Linien, als zwanghaft meine geraden Formen beibehalten zu wollen. Passe dich beim Üben mit Fotos der Vorlage an.
BOX ZU KÖRPER
Schmuck und Ränder von Kleidung geben dir Anhaltspunkte für die gebogenen Hilfslinien.

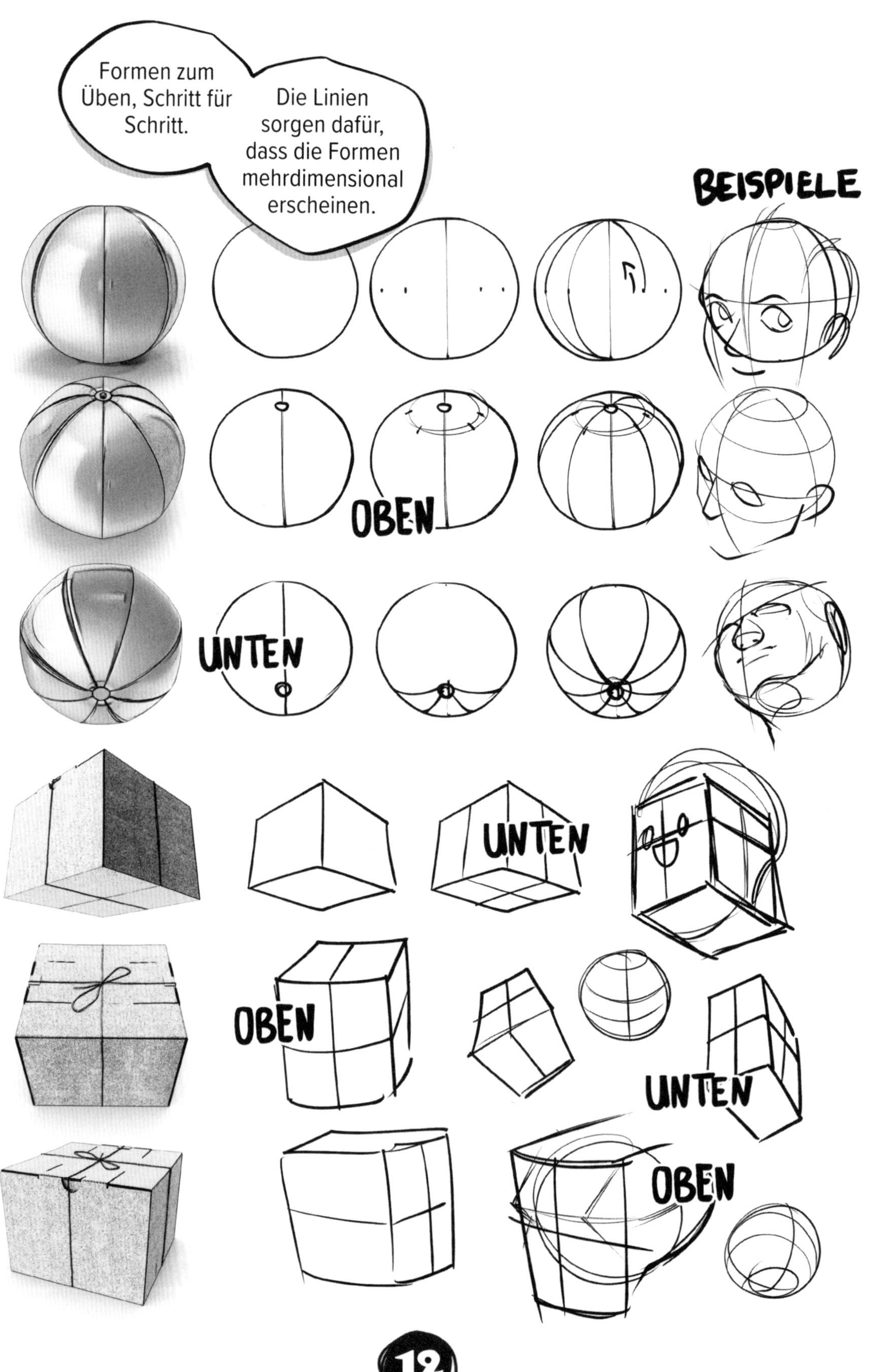
Formen zum Üben, Schritt für Schritt.
Die Linien sorgen dafür, dass die Formen mehrdimensional erscheinen.
BEISPIELE
OBEN
UNTEN
UNTEN
OBEN
UNTEN
OBEN

Um perspektivische Verzerrung zu üben, kannst du runde Objekte abzeichnen. Ein Ring ist das beste Beispiel.
Das Kreuz aus Hilfslinien über der Kugel, die dir beim Gesicht helfen soll, verändert sich auch je nach Perspektive.
Vielleicht hast du in der Schule mal so eine Box gebastelt, die kann dir hier helfen. Dreh und wende sie, um die Wirkung der Perspektive auf die Linien zu beobachten.
Zum Üben von Haaren eignen sich sogenannte Zen-Doodles. Dazu findest du im Internet viele kostenlose Vorlagen.
Du könntest dir für das Üben ein Skizzenbuch zulegen und darin deine Aufwärmübungen und Formstudien machen.

DAS KONZEPT

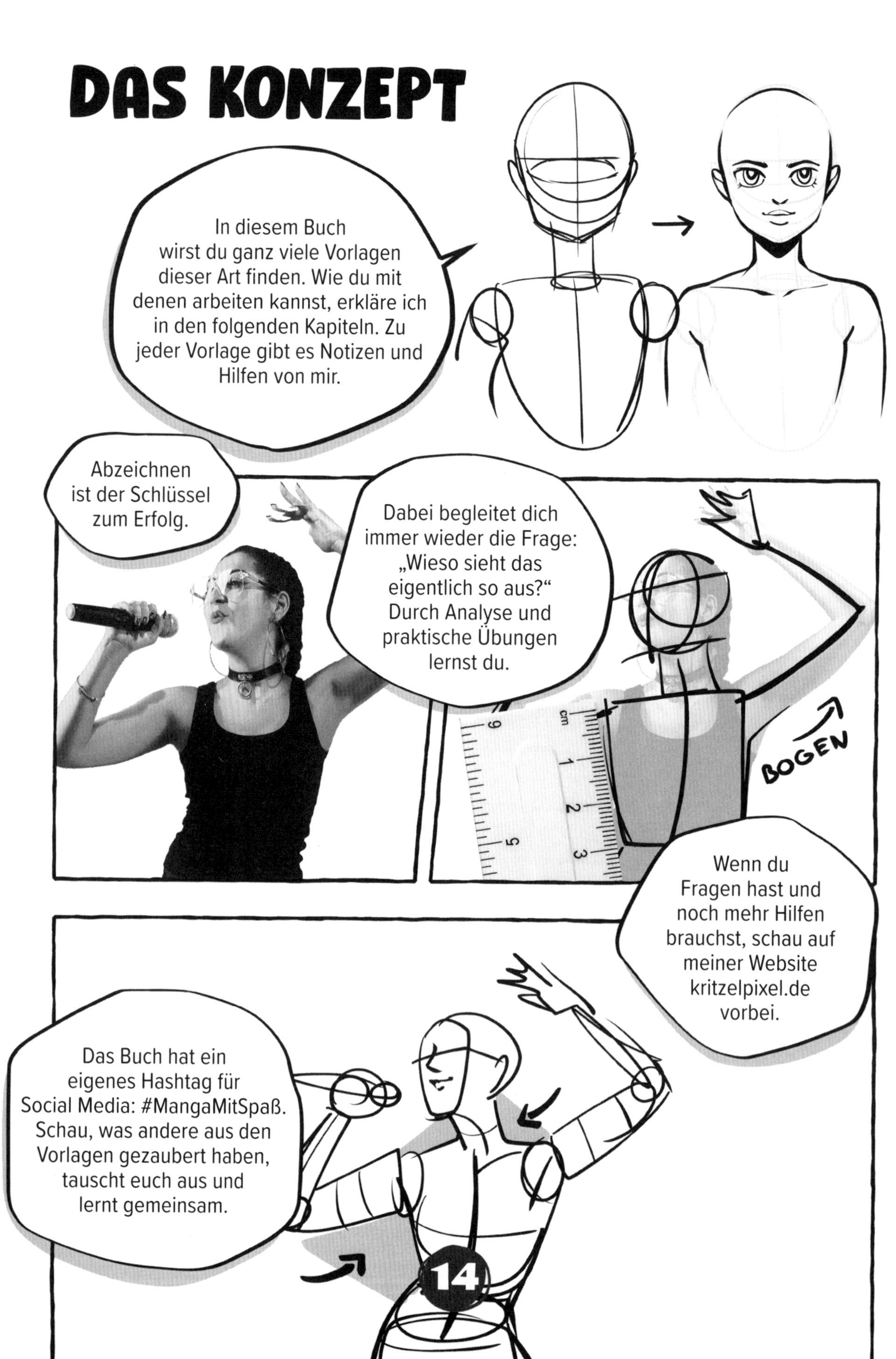

In diesem Buch wirst du ganz viele Vorlagen dieser Art finden. Wie du mit denen arbeiten kannst, erkläre ich in den folgenden Kapiteln. Zu jeder Vorlage gibt es Notizen und Hilfen von mir.
Abzeichnen ist der Schlüssel zum Erfolg.
Dabei begleitet dich immer wieder die Frage: „Wieso sieht das eigentlich so aus?“ Durch Analyse und praktische Übungen lernst du.
BOGEN
Wenn du Fragen hast und noch mehr Hilfen brauchst, schau auf meiner Website kritzelpixel.de vorbei.
Das Buch hat ein eigenes Hashtag für Social Media: #MangaMitSpaß. Schau, was andere aus den Vorlagen gezaubert haben, tauscht euch aus und lernt gemeinsam.

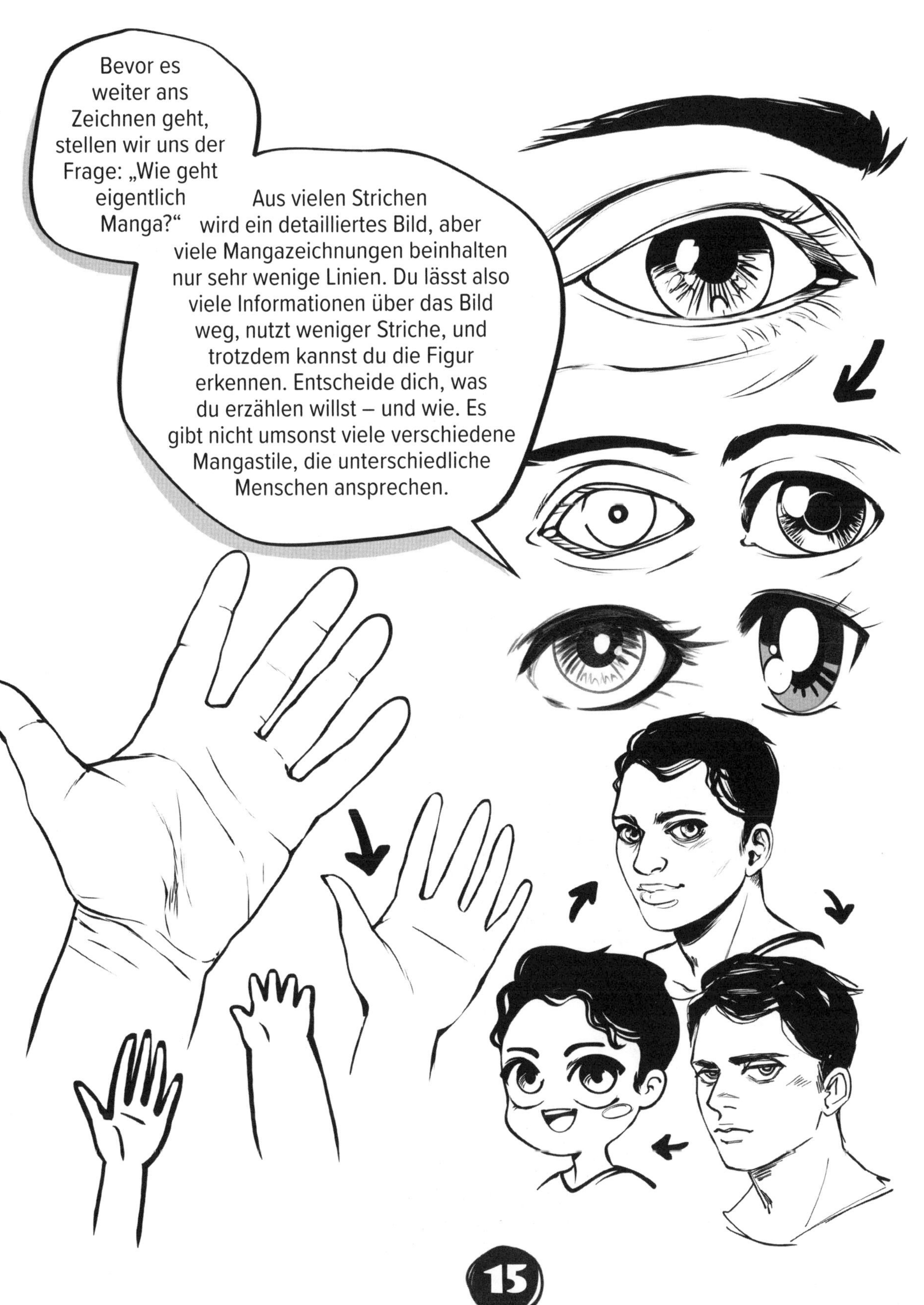
Bevor es weiter ans Zeichnen geht, stellen wir uns der Frage: „Wie geht eigentlich Manga?“
Aus vielen Strichen wird ein detailliertes Bild, aber viele Mangazeichnungen beinhalten nur sehr wenige Linien. Du lässt also viele Informationen über das Bild weg, nutzt weniger Striche, und trotzdem kannst du die Figur erkennen. Entscheide dich, was du erzählen willst – und wie. Es gibt nicht umsonst viele verschiedene Mangastile, die unterschiedliche Menschen ansprechen.

Manche empfinden große Augen, kleine Nasen und schmale Münder als niedlich. Viele als weiblich wahrgenommene Personen teilen diese Merkmale.
Wie ich erklärt habe, bedeutet stilistisches Zeichnen, sich entscheiden zu müssen. Hier habe ich das, was ich als weiblich wahrnehme, übertrieben. Deutlich zu sehen im Gesicht.
Zudem habe ich starke, fließende und runde Linien genutzt, um der Figur mehr Leben einzuhauchen.
Ausdrucksstarke Augen bringen den Fokus auf das Gesicht. Mit diesem Stil lassen sich so leicht Gefühle vermitteln.
Gesicht und Haare haben deshalb auch mehr Details als der Rest.

Ich erzählte bereits, dass Manga dynamische Figuren und lebendige Szenen bietet. Welchen Stil du verfolgst, musst du selbst entscheiden. Lass dich inspirieren von den Zeichnungen, die dich ansprechen.

Ich selbst zeichne immer in dem Stil, der meiner Geschichte dient.

ZEICHENSTILE

Die Möglichkeiten sind unendlich. Von klein und niedlich zu …
… düster, erwachsen und ernst. Manga ist für alle Altersgruppen gedacht und bietet vielseitige Geschichten.
Sieht fast aus wie aus einem US-Comic. Auch diesen Stil findest du im Mangabereich!
Wie du siehst, können Stile sich extrem unterscheiden!
MAGIC CATE

KAPITEL 2:
GESICHTER ZEICHNEN

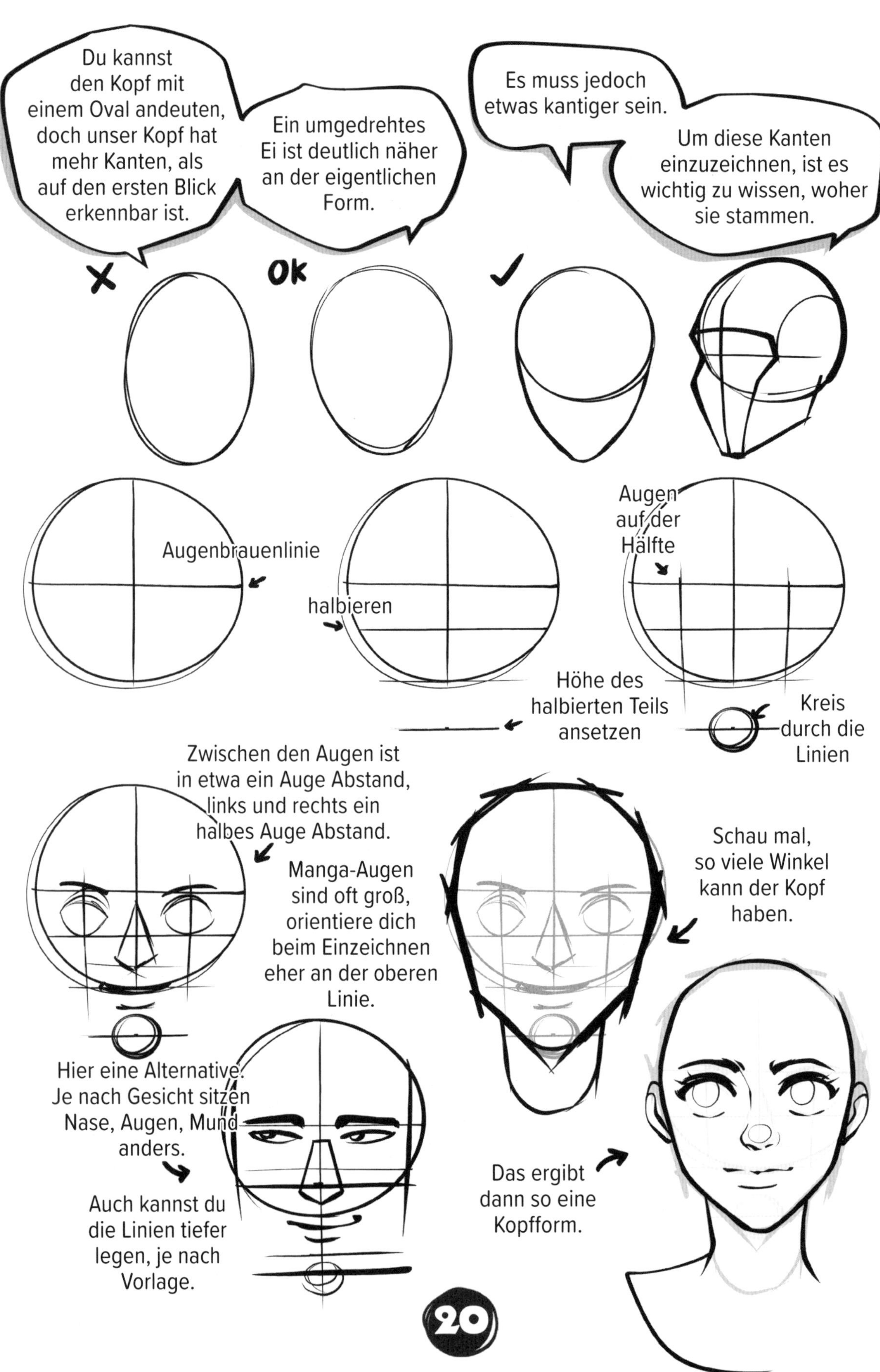
Du kannst den Kopf mit einem Oval andeuten, doch unser Kopf hat mehr Kanten, als auf den ersten Blick erkennbar ist.
Ein umgedrehtes Ei ist deutlich näher an der eigentlichen Form.
Es muss jedoch etwas kantiger sein.
Um diese Kanten einzuzeichnen, ist es wichtig zu wissen, woher sie stammen.
OK
Augenbrauenlinie
halbieren
Augen auf der Hälfte
Höhe des halbierten Teils ansetzen
Kreis durch die Linien
Zwischen den Augen ist in etwa ein Auge Abstand, links und rechts ein halbes Auge Abstand.
Manga-Augen sind oft groß, orientiere dich beim Einzeichnen eher an der oberen Linie.
Schau mal, so viele Winkel kann der Kopf haben.
Hier eine Alternative. Je nach Gesicht sitzen Nase, Augen, Mund anders.
Auch kannst du die Linien tiefer legen, je nach Vorlage.
Das ergibt dann so eine Kopfform.

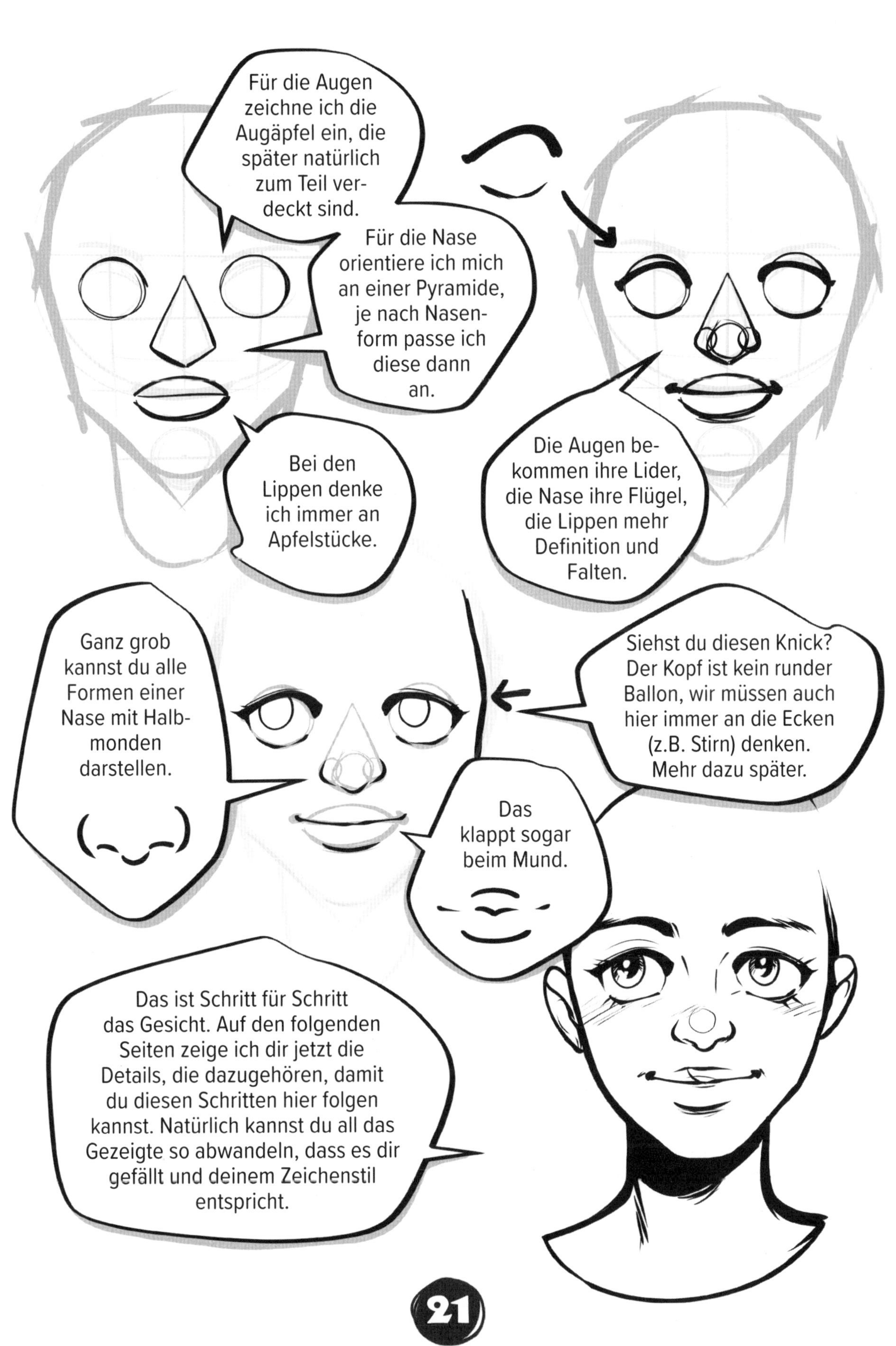
Für die Augen zeichne ich die Augäpfel ein, die später natürlich zum Teil verdeckt sind.
Für die Nase orientiere ich mich an einer Pyramide, je nach Nasenform passe ich diese dann an.
Bei den Lippen denke ich immer an Apfelstücke.
Die Augen bekommen ihre Lider, die Nase ihre Flügel, die Lippen mehr Definition und Falten.
Ganz grob kannst du alle Formen einer Nase mit Halbmonden darstellen.
Siehst du diesen Knick? Der Kopf ist kein runder Ballon, wir müssen auch hier immer an die Ecken (z.B. Stirn) denken. Mehr dazu später.
Das klappt sogar beim Mund.
Das ist Schritt für Schritt das Gesicht. Auf den folgenden Seiten zeige ich dir jetzt die Details, die dazugehören, damit du diesen Schritten hier folgen kannst. Natürlich kannst du all das Gezeigte so abwandeln, dass es dir gefällt und deinem Zeichenstil entspricht.

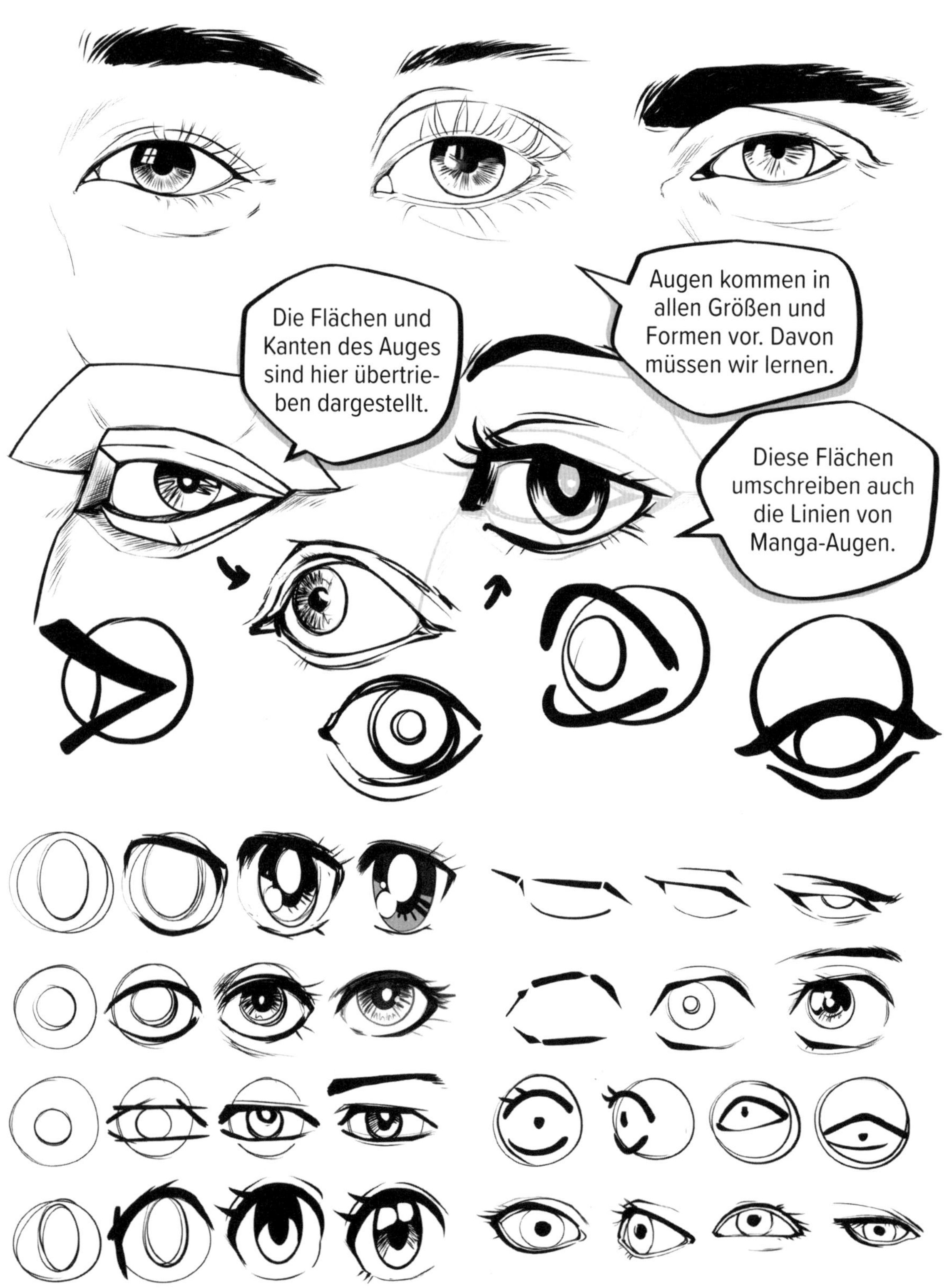
Die Flächen und
Kanten des Auges
sind hier übertrie-
ben dargestellt.
Augen kommen in
allen Größen und
Formen vor. Davon
müssen wir lernen.
Diese Flächen
umschreiben auch
die Linien von
Manga-Augen.

Wichtig beim Augenzeichnen ist immer das, was wir nicht sehen.
Der Augapfel sitzt im Schädel, ist verbunden mit unserem Körper, wird gesteuert von Muskeln und geschützt von Gewebe. Und alles wirkt so zusammen, dass wir das Auge vielseitig bewegen können.
Damit ein Auge gut aussieht, musst du die Funktion des Auges nur glaubwürdig rüberbringen.
Das Auge folgt den perspektivischen Regeln jedes runden Gegenstands, wenn es gedreht wird. Iris und Pupille *verändern* ihre Form.
Es reicht, wenn die gezeichneten Augenlider so aussehen, als würden sie ein rundes Objekt umschließen.
Im Manga wird aus den Kanten des Auges meist eine dicke Linie.

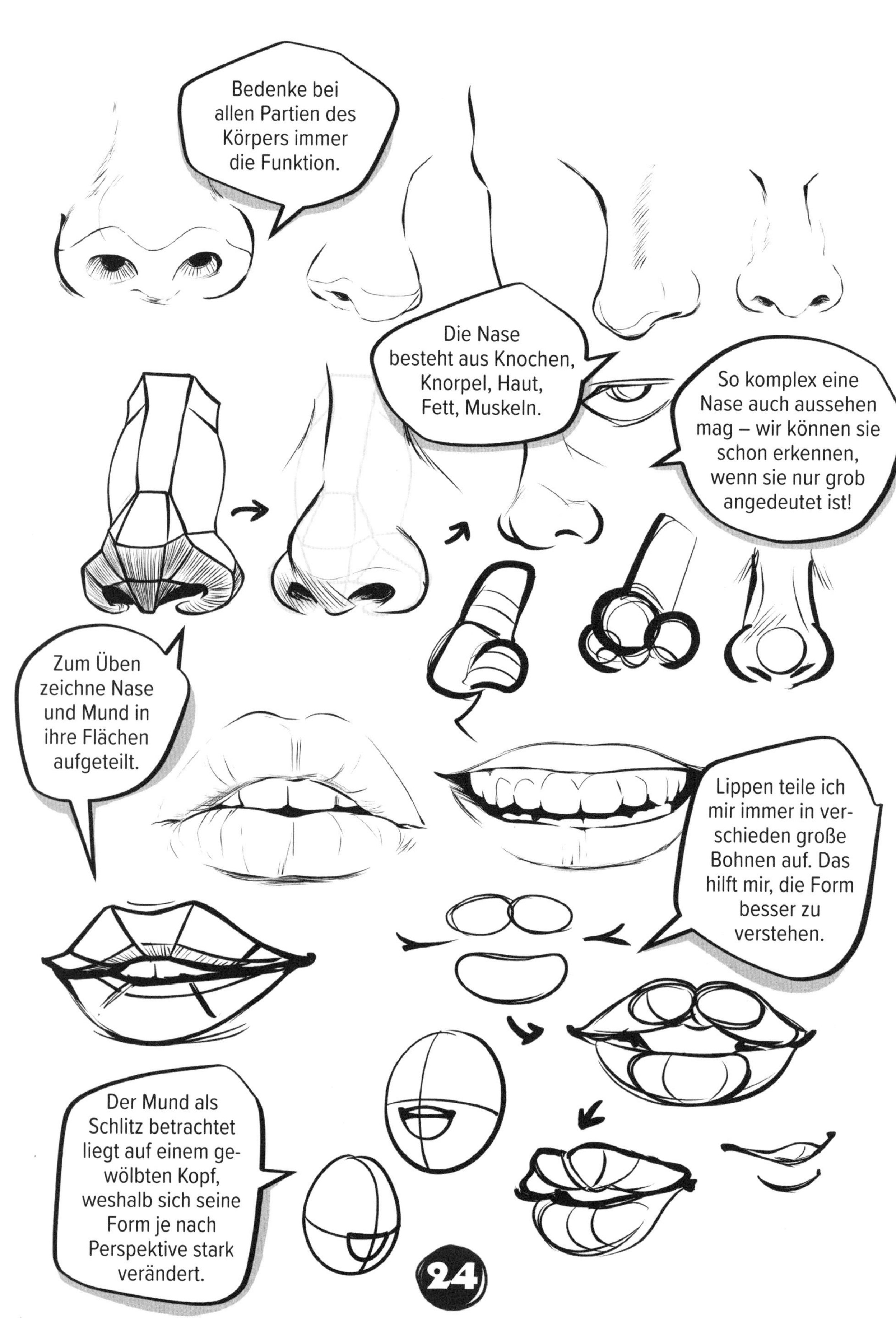
Bedenke bei allen Partien des Körpers immer die Funktion.
Die Nase besteht aus Knochen, Knorpel, Haut, Fett, Muskeln.
So komplex eine Nase auch aussehen mag – wir können sie schon erkennen, wenn sie nur grob angedeutet ist!
Zum Üben zeichne Nase und Mund in ihre Flächen aufgeteilt.
Lippen teile ich mir immer in verschieden große Bohnen auf. Das hilft mir, die Form besser zu verstehen.
Der Mund als Schlitz betrachtet liegt auf einem gewölbten Kopf, weshalb sich seine Form je nach Perspektive stark verändert.

Stell dir die Nase wie eine Röhre mit zwei Perlen vor, um die Form zu erfassen.
Knochen und Knorpel nehmen viele verschiedene Formen an.
Viele nutzen auch einfach den Schatten, der die Nase umschreibt, um sie glaubhaft zu zeichnen.
Eine Nase lässt sich auch gut vereinfacht als Pyramide zeichnen. Deshalb funktionieren die Nasen im Manga, obwohl sie oft nicht mehr als ein Haken sind. Der untere Teil steht für die Rundung der Nasenspitze, der obere Bogen ist der Übergang zum Nasenrücken.

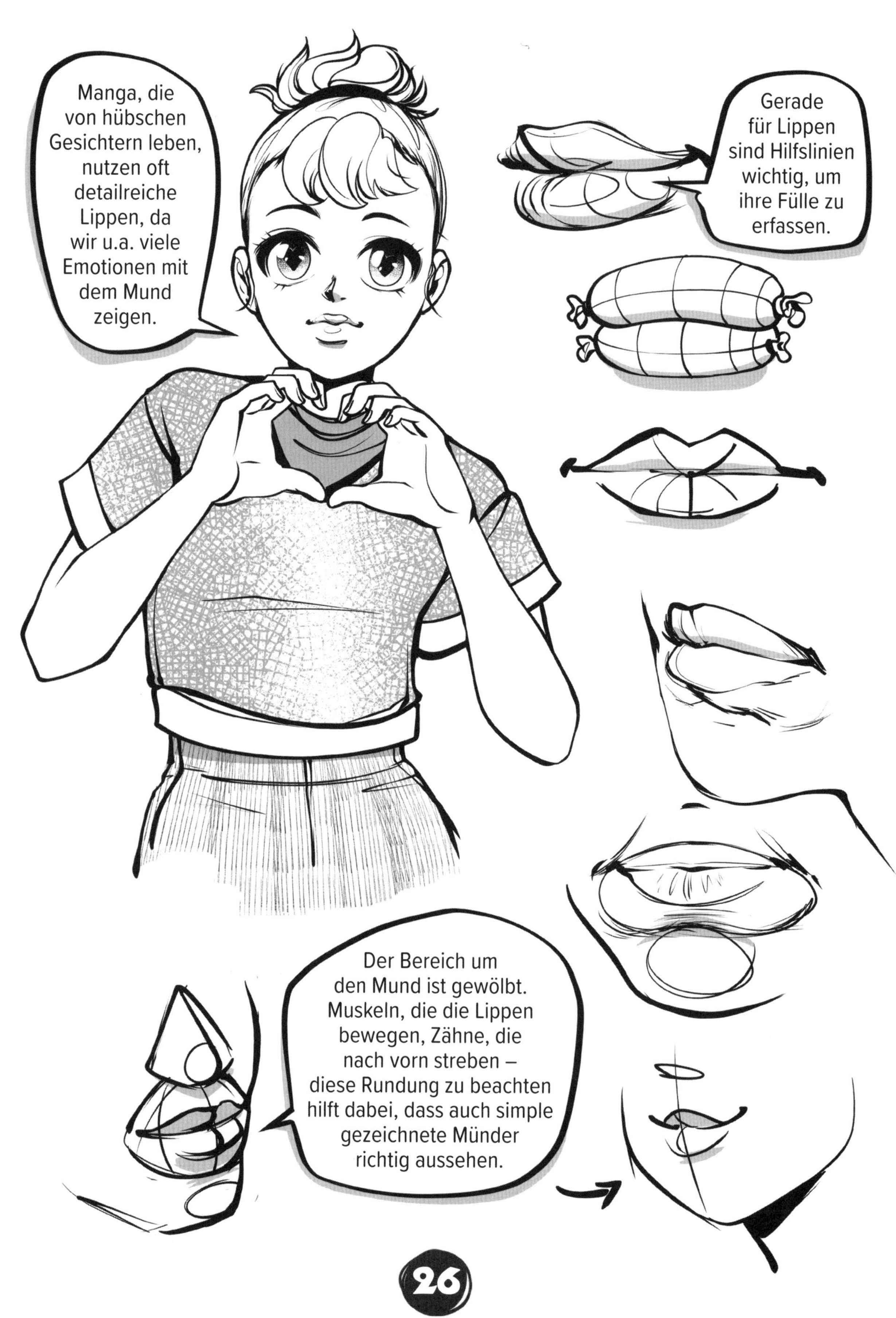
Manga, die von hübschen Gesichtern leben, nutzen oft detailreiche Lippen, da wir u.a. viele Emotionen mit dem Mund zeigen.
Gerade für Lippen sind Hilfslinien wichtig, um ihre Fülle zu erfassen.
Der Bereich um den Mund ist gewölbt. Muskeln, die die Lippen bewegen, Zähne, die nach vorn streben – diese Rundung zu beachten hilft dabei, dass auch simple gezeichnete Münder richtig aussehen.

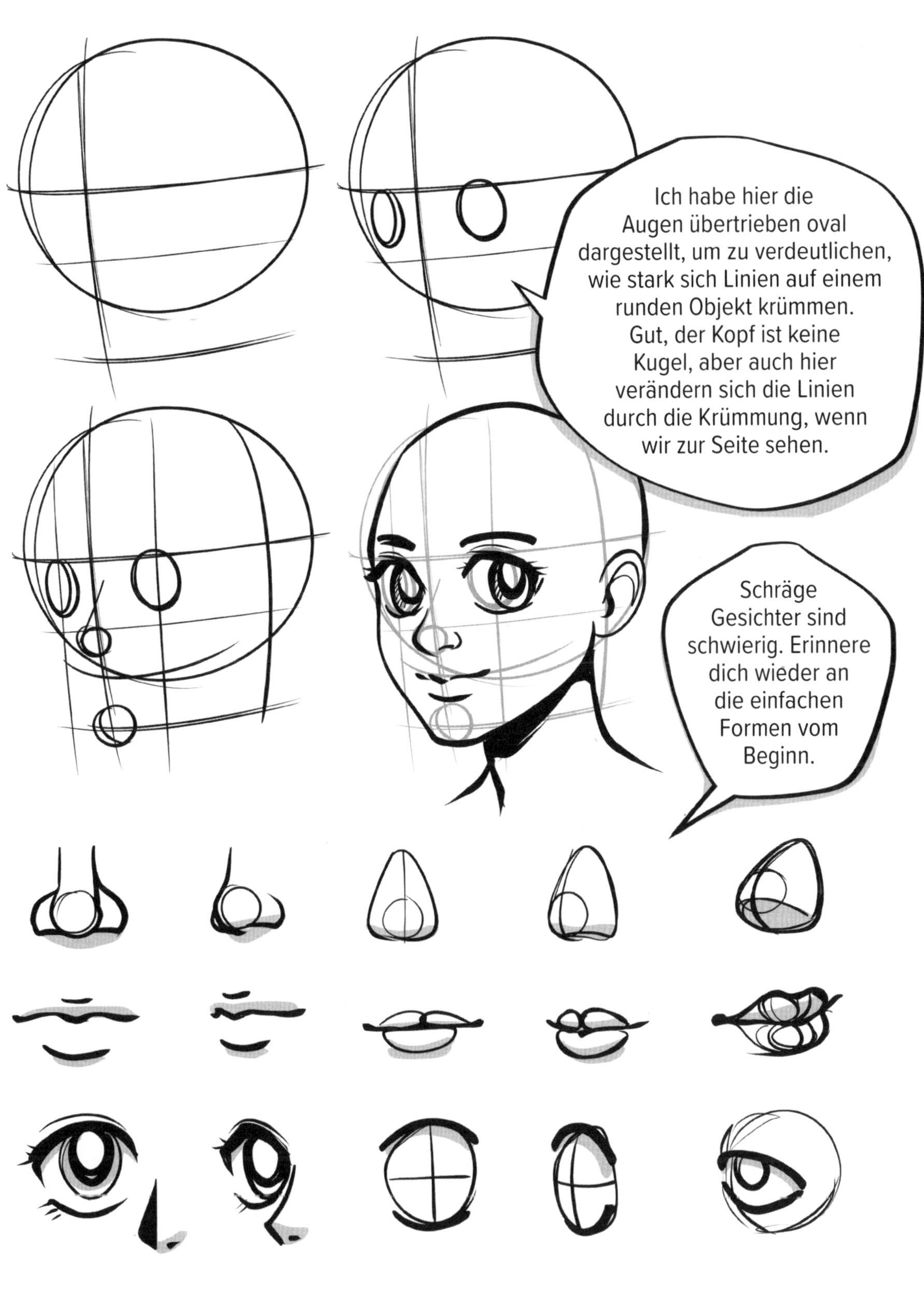
Ich habe hier die Augen übertrieben oval dargestellt, um zu verdeutlichen, wie stark sich Linien auf einem runden Objekt krümmen. Gut, der Kopf ist keine Kugel, aber auch hier verändern sich die Linien durch die Krümmung, wenn wir zur Seite sehen.
Schräge Gesichter sind schwierig. Erinnere dich wieder an die einfachen Formen vom Beginn.

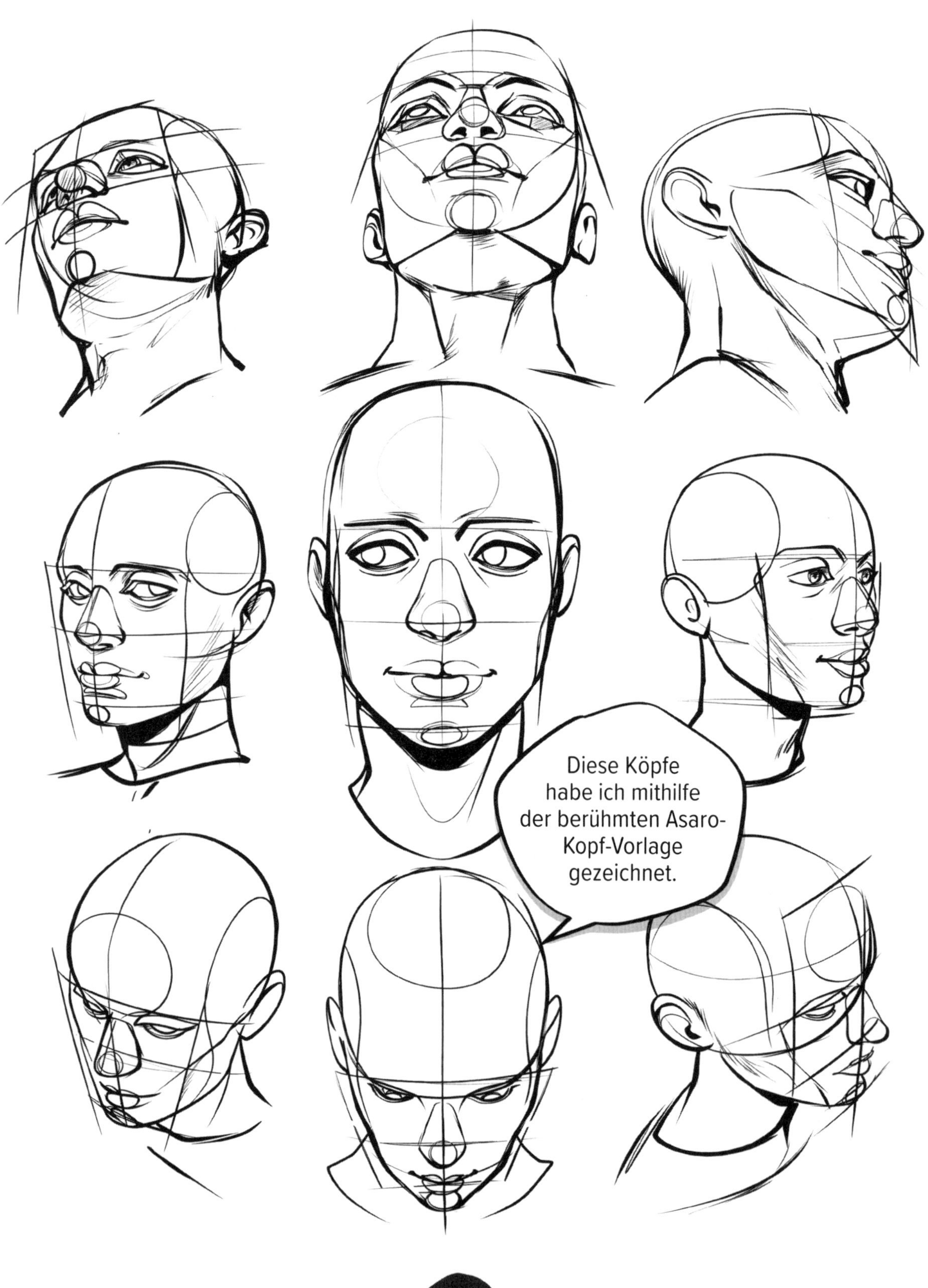
Diese Köpfe
habe ich mithilfe
der berühmten Asaro-
Kopf-Vorlage
gezeichnet.

Die Haare folgen dem Haaransatz. Je nachdem, wie dick, lockig, schwer sie sind, fallen sie flacher oder voluminöser über den Kopf.
Haare stelle ich mir immer in Bahnen vor, gelockte Haare gerne wie Geschenkbänder. Das vereinfacht die Vorskizze. Einzelne Strähnen kann ich am Ende hinzufügen.
Hier siehst du, wie ich mir alles in Formen unterteilt habe.
Sieht ja fast aus wie Bananenschalen.

Übe mit
Vorlagen.
Nutze
Formen.
BLATT
FORM
DETAIL

KAPITEL 3:
KÖRPER ZEICHNEN

Nun ein paar Worte zum Zeichnenlernen.
Zeichnen benötigt viel Wissen und Verständnis, alles auf einmal lernen zu wollen ist zu anstrengend. Stattdessen fügen wir beim Lernen mehr und mehr Informationen dazu.
1.
Du beginnst damit, deine motorischen Fähigkeiten auszubauen, und entdeckst dabei schwungvolle Linien. (Seite 9)
Kritzel einfach mal ein paar Posen zu deinen Motorikübungen, nutze Kurven und gerade Linien.
2.
Dann gilt es, Formen als Ganzes zu erfassen. Konzentriere dich nur auf die Umrisse von Formen. Zeichne Silhouetten. Schau dir die Vorlagen an und zeichne einfach ihre Fläche.
Tipp: Spannende Posen lassen sich schon am Umriss gut erkennen.
Achte auf das, was sich jenseits und zwischen den Umrissen befindet. Das Graue hier nennt man *negativen Raum*. Das sind meist leicht zu verstehende Formen, die dir helfen, die Abstände richtig einzuschätzen.

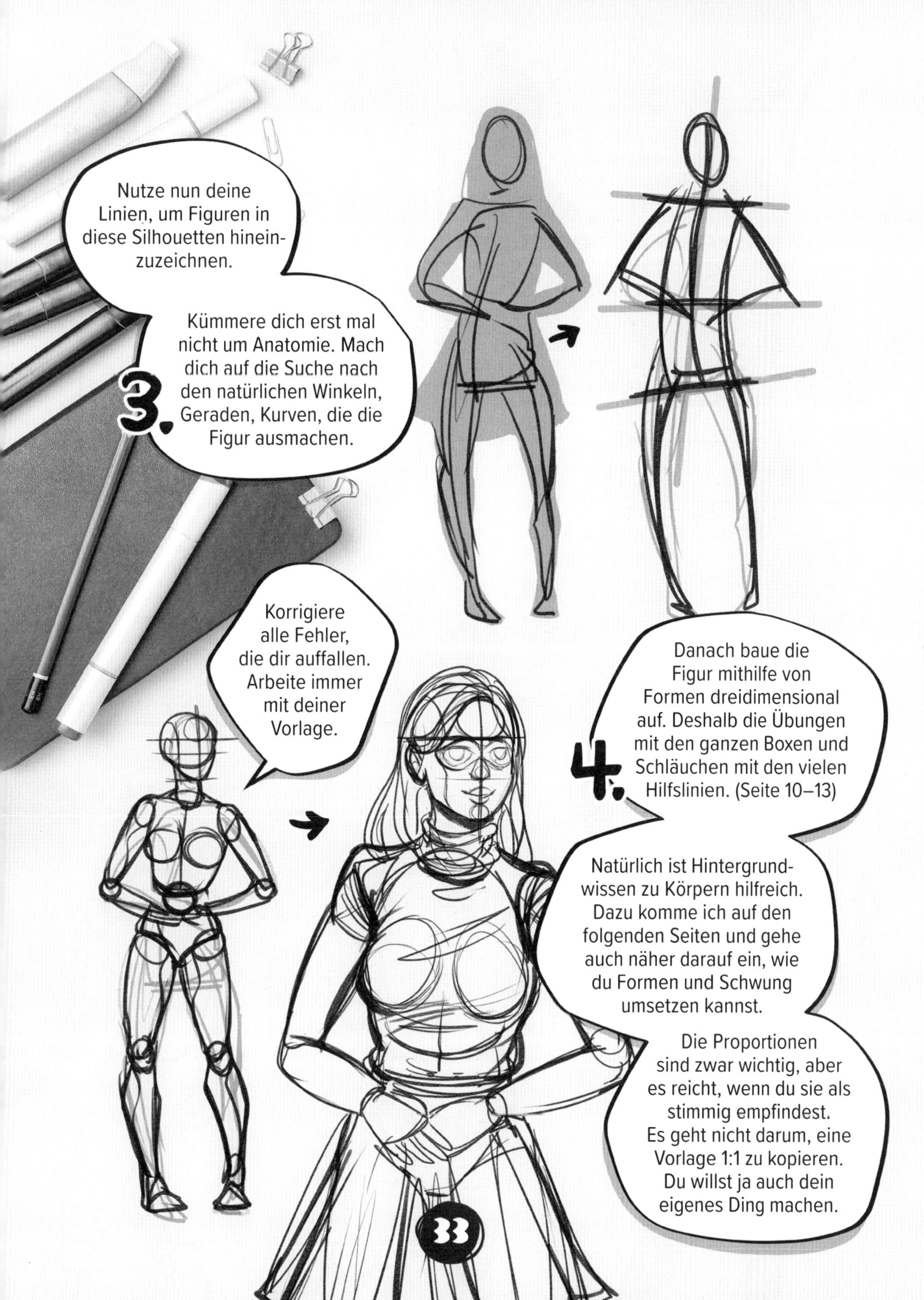
Nutze nun deine Linien, um Figuren in diese Silhouetten hineinzuzeichnen.
3.
Kümmere dich erst mal nicht um Anatomie. Mach dich auf die Suche nach den natürlichen Winkeln, Geraden, Kurven, die die Figur ausmachen.
Korrigiere alle Fehler, die dir auffallen. Arbeite immer mit deiner Vorlage.
4.
Danach baue die Figur mithilfe von Formen dreidimensional auf. Deshalb die Übungen mit den ganzen Boxen und Schläuchen mit den vielen Hilfslinien. (Seite 10–13)
Natürlich ist Hintergrundwissen zu Körpern hilfreich. Dazu komme ich auf den folgenden Seiten und gehe auch näher darauf ein, wie du Formen und Schwung umsetzen kannst.
Die Proportionen sind zwar wichtig, aber es reicht, wenn du sie als stimmig empfindest. Es geht nicht darum, eine Vorlage 1:1 zu kopieren. Du willst ja auch dein eigenes Ding machen.

Manchmal ist der Umriss einer Vorlage nicht sehr aussagekräftig. Nutze ihn trotz-dem.
Der Umriss ist leichter zu begreifen, weil weniger Informationen vorhanden sind.
Nun kannst du dich auf die Formen innerhalb des Umrisses konzentrieren.
Achte dabei auf die richtige Perspektive. Betrach-test du den Charakter von vorn, oben oder unten etc.?
Diese Formen kannst du dann aus-arbeiten.

Der Körper in einfachen Formen wirkt aber etwas steif, findest du nicht?

Hier dieselbe Figur mit ein paar mehr Kurven. Schon sieht sie lebendiger aus, weicht aber auch von der Vorlage ab.

Das liegt an dem Standbild. Betrachten wir Fotos von Menschen in Bewegung, dann sehen sie immer ein bisschen steif aus.

Aus dem echten Leben sind wir es gewohnt, Tiefe und Bewegungen wahrzunehmen. Dazu zählen Kleinigkeiten wie die Atmung.

Ein Standbild hat all das nicht, denn dort gibt es keine Bewegung. Um Bewegung vorzutäuschen, übertreibe ich gerne mit den Kurven des Körpers.

Als Beispiel dieser Arm. Für einen Strichmenschen brauche ich nur einen Bogen zu malen, sofort begreifen wir die Pose und sie sieht bewegter aus als dieser Strichmensch mit dem kantig gezeichneten Arm.

Das zeichnet auch Mangabilder aus: Sie wirken lebendig (dynamisch).

Diese runde Dynamik übertrage ich auf meine Zeichnung. Auch gerade Linien und Kanten arbeite ich noch zackiger aus, um ihre Dynamik zu unterstreichen.

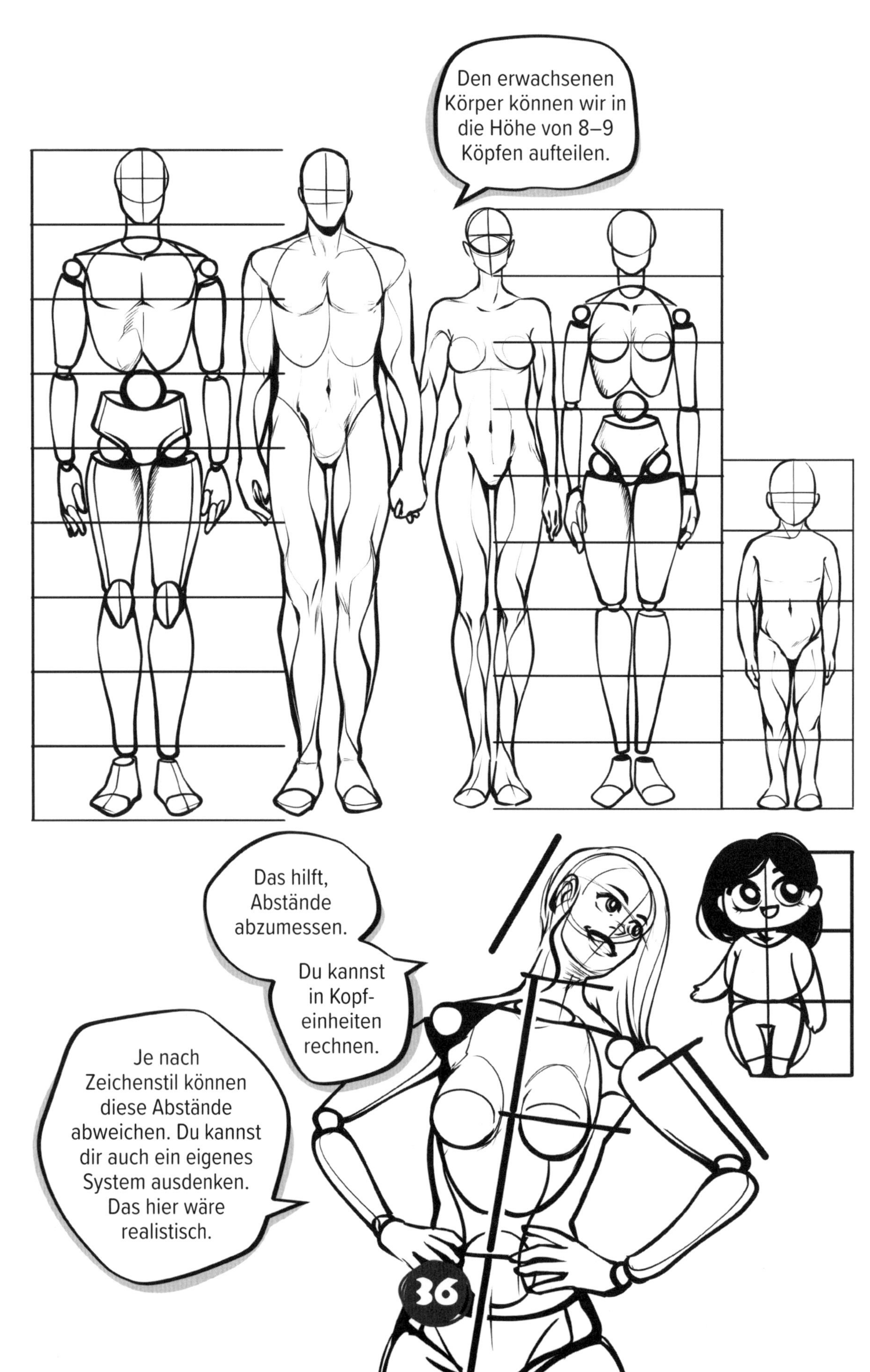
Den erwachsenen Körper können wir in die Höhe von 8–9 Köpfen aufteilen.
Das hilft, Abstände abzumessen.
Du kannst in Kopfeinheiten rechnen.
Je nach Zeichenstil können diese Abstände abweichen. Du kannst dir auch ein eigenes System ausdenken. Das hier wäre realistisch.

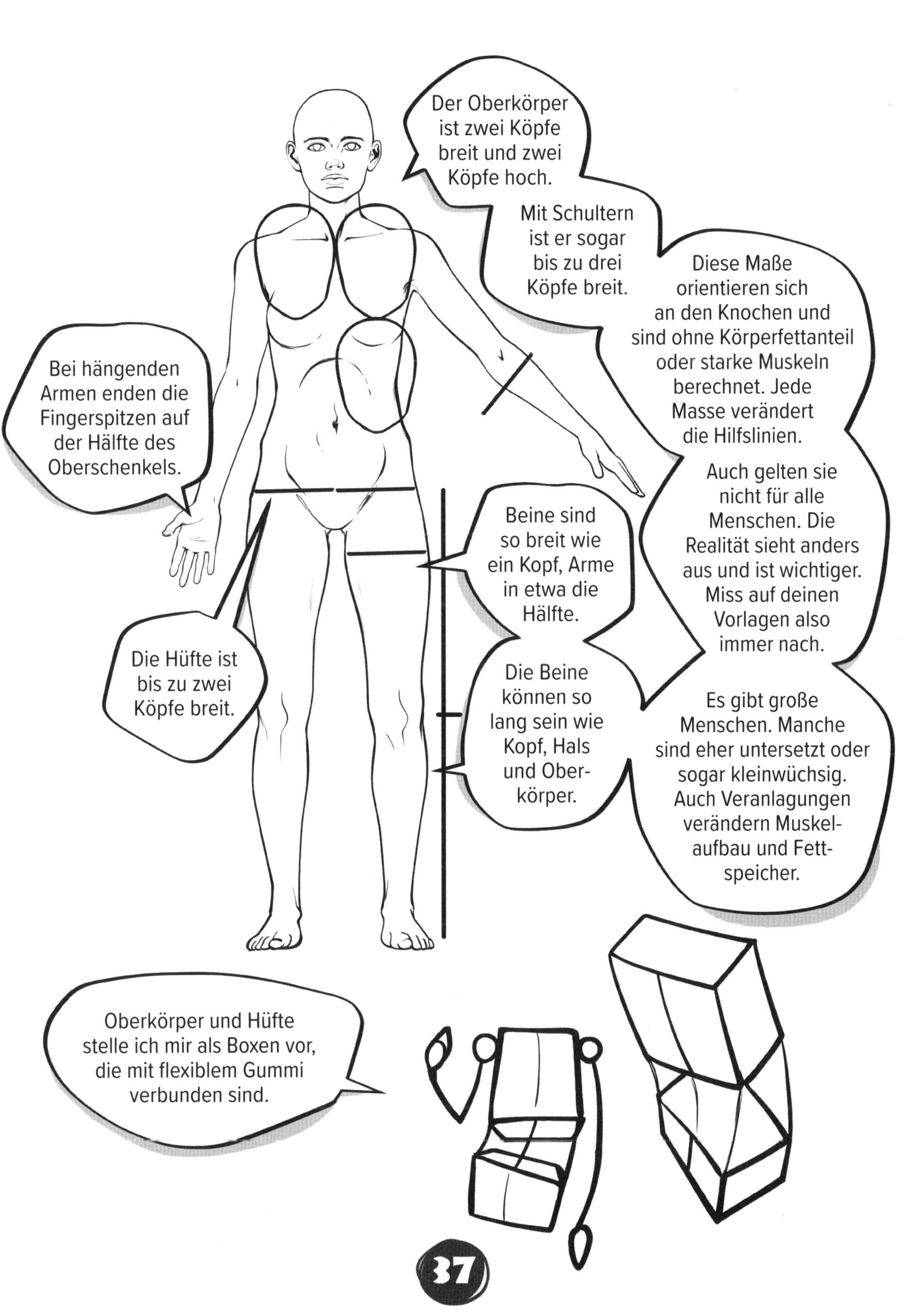
Der Oberkörper ist zwei Köpfe breit und zwei Köpfe hoch.
Mit Schultern ist er sogar bis zu drei Köpfe breit.
Diese Maße orientieren sich an den Knochen und sind ohne Körperfettanteil oder starke Muskeln berechnet. Jede Masse verändert die Hilfslinien.
Auch gelten sie nicht für alle Menschen. Die Realität sieht anders aus und ist wichtiger. Miss auf deinen Vorlagen also immer nach.
Bei hängenden Armen enden die Fingerspitzen auf der Hälfte des Oberschenkels.
Beine sind so breit wie ein Kopf, Arme in etwa die Hälfte.
Die Hüfte ist bis zu zwei Köpfe breit.
Die Beine können so lang sein wie Kopf, Hals und Oberkörper.
Es gibt große Menschen. Manche sind eher untersetzt oder sogar kleinwüchsig. Auch Veranlagungen verändern Muskelaufbau und Fettspeicher.
Oberkörper und Hüfte stelle ich mir als Boxen vor, die mit flexiblem Gummi verbunden sind.

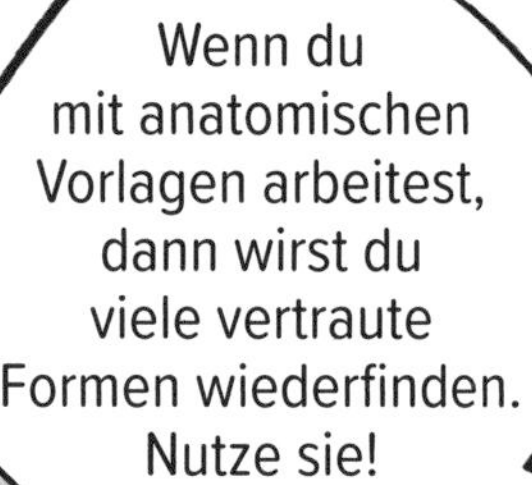

Grob sehen Arme unter der Haut so aus. Daraus nutze ich diese Formen, um einen Arm zu gestalten.

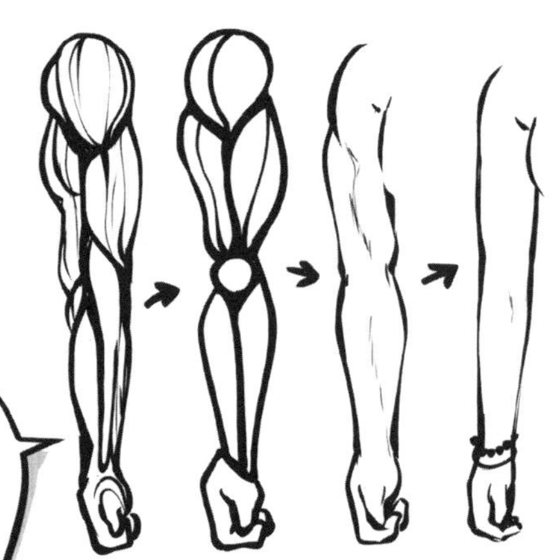

Ich unterteile mir die Beine in diese ovalen Formen: Oberschenkel, Kniegelenke und Unterschenkel.

1/2

1

1

ÜBUNG

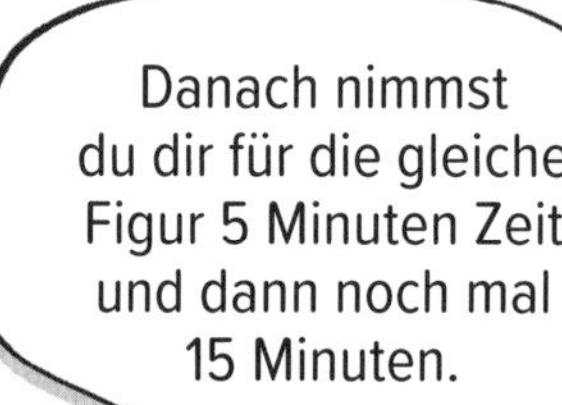

Wenn du nicht viel Zeit oder Lust zum Üben hast, dich aber verbessern magst, dann nimm dir einfach jeden Tag eine Figur vor.

Zeichne eine Vorlage, ein Foto etc. innerhalb von 90 Sekunden so gut ab wie möglich. 90 Sekunden lassen dir wenig Zeit für Details, so konzentrierst du dich auf das Wesentliche.

5min

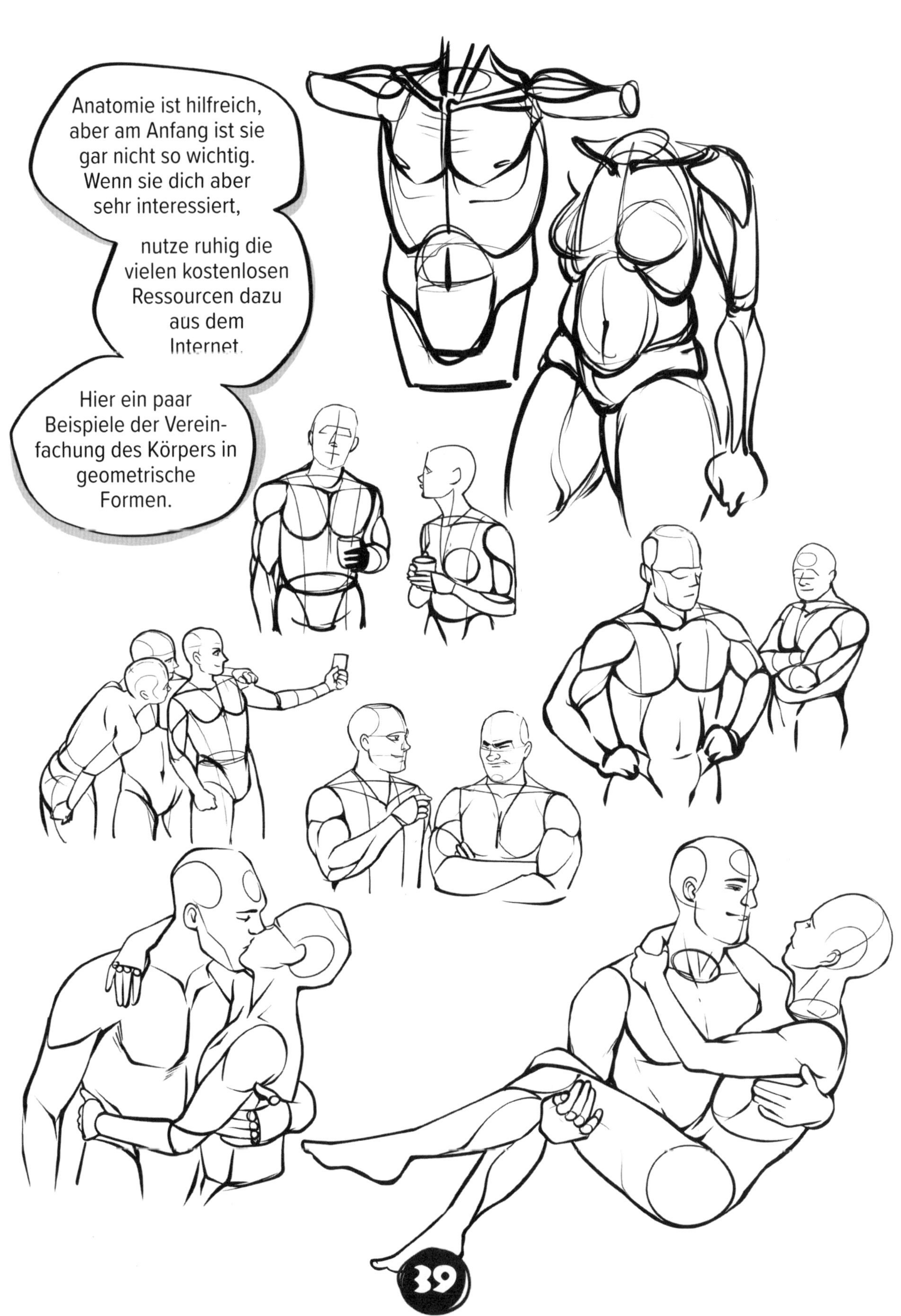

Anatomie ist hilfreich, aber am Anfang ist sie gar nicht so wichtig. Wenn sie dich aber sehr interessiert,
nutze ruhig die vielen kostenlosen Ressourcen dazu aus dem Internet.
Hier ein paar Beispiele der Vereinfachung des Körpers in geometrische Formen.

HILFE BEIM ABZEICHNEN

Siehe auch: www.kritzelpixel.de/mangazeichnen

Nicht alle Vorlagen im Buch haben Hilfslinien. Du sollst ja auch lernen, wie du Vorlagen selbst erstellen kannst, z.B. aus Fotos. Dafür male die Hilfslinien selbst ein. Zeichne die Formen und gehe den Winkeln und Geraden des Köpers nach.

Nimm ein dünnes Blatt Papler und lege es über deine Vorlage.

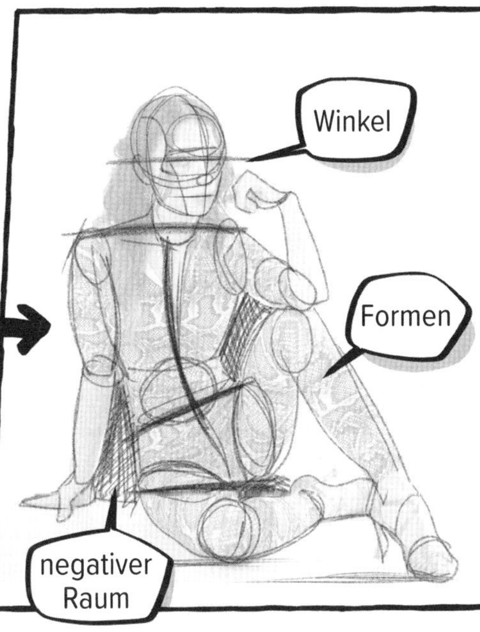

Es ist okay, wenn deine Hilfslinien etwas chaotisch aussehen.

Wenn du mithilfe eines Gitters aus Kreisen (Seite 40) zeichnen möchtest, kannst du sie entweder direkt auf deine Skizze zeichnen oder auf ein transparentes, sehr dünnes Extrapapier.

Übertrage die Figur mit den Hilfslinien auf ein frisches Blatt. Nutze gegebenenfalls das Gitter als Hilfe (Seite 40). Passe deine Figur an, zeichne Kleidung ein etc. Das müssen keine sauberen Linien werden.
HB
Nun lege wieder ein frisches Blatt über deine Skizze und pause deine Zeichnung sauber mit Bleistift durch. Dann kannst du mit einem schwarzen Stift die Linien einzeichnen, die du behalten willst, und alles andere wegradieren.
Diese Technik eignet sich auch, um anatomische Studien zu machen. Denk immer daran: Je mehr du über ein Objekt weißt, desto mehr Details fallen dir auf, desto leichter kannst du es abzeichnen. Such dir auch für Kleidung Referenzen!

Du kannst alle Zeichnungen in diesem Buch als Vorlage nutzen.
Das nächste Kapitel besteht sogar nur aus extra für dich aufbereiteten Vorlagen.
Insgesamt gibt es über 60 Vorlagen im Buch. Auf den folgenden Seiten erkläre ich, wie du mit ihnen arbeitest.

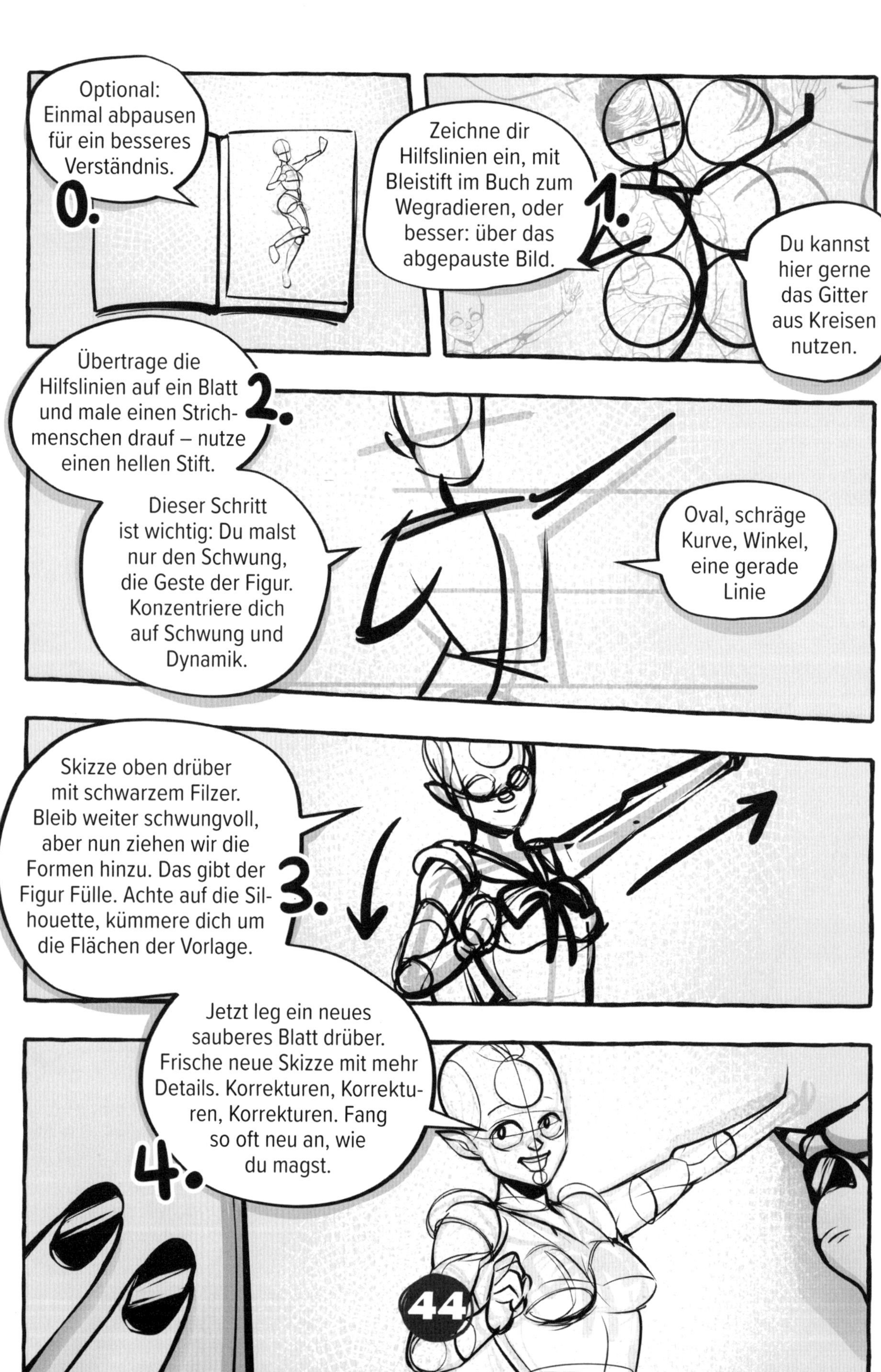
Optional: Einmal abpausen für ein besseres Verständnis.
0.
Zeichne dir Hilfslinien ein, mit Bleistift im Buch zum Wegradieren, oder besser: über das abgepauste Bild.
1.
Du kannst hier gerne das Gitter aus Kreisen nutzen.
Übertrage die Hilfslinien auf ein Blatt und male einen Strichmenschen drauf – nutze einen hellen Stift.
2.
Dieser Schritt ist wichtig: Du malst nur den Schwung, die Geste der Figur. Konzentriere dich auf Schwung und Dynamik.
Oval, schräge Kurve, Winkel, eine gerade Linie
Skizze oben drüber mit schwarzem Filzer. Bleib weiter schwungvoll, aber nun ziehen wir die Formen hinzu. Das gibt der Figur Fülle. Achte auf die Silhouette, kümmere dich um die Flächen der Vorlage.
3.
Jetzt leg ein neues sauberes Blatt drüber. Frische neue Skizze mit mehr Details. Korrekturen, Korrekturen, Korrekturen. Fang so oft neu an, wie du magst.
4.

Das hier sind meine Referenzen, und mit deren Hilfe zeichne ich eine eigene Figur. Auch dazu kannst du so viele Vorskizzen machen, wie du magst.
Ich will eigene Kleidung und eigene Haare. Also suche ich mir dafür Referenzen heraus. Das Internet ist voll davon, achte aber darauf, dass die Webseiten, die du besuchst, sicher sind.
Ich habe sogar die Pose leicht verändert.
In so einem kleinen Büchlein kann ich dir nicht Schritt für Schritt jedes Detail vorgeben, es ist ja auch deine Figur und dein Design. Jede Person, die mit diesem Buch arbeitet, wird andere Charaktere gestalten wollen. Deshalb ist das Arbeiten mit Referenzen hier sehr wichtig. Gewöhn dir das gleich an, denn alle Zeichnenden, von Anfänger bis Profi, arbeiten mit Vorlagen/Referenzen. Aus vielen Vorlagen entsteht ein einzigartiges Bild.

MACH DIR NOTIZEN ZU DEINEN SKIZZEN

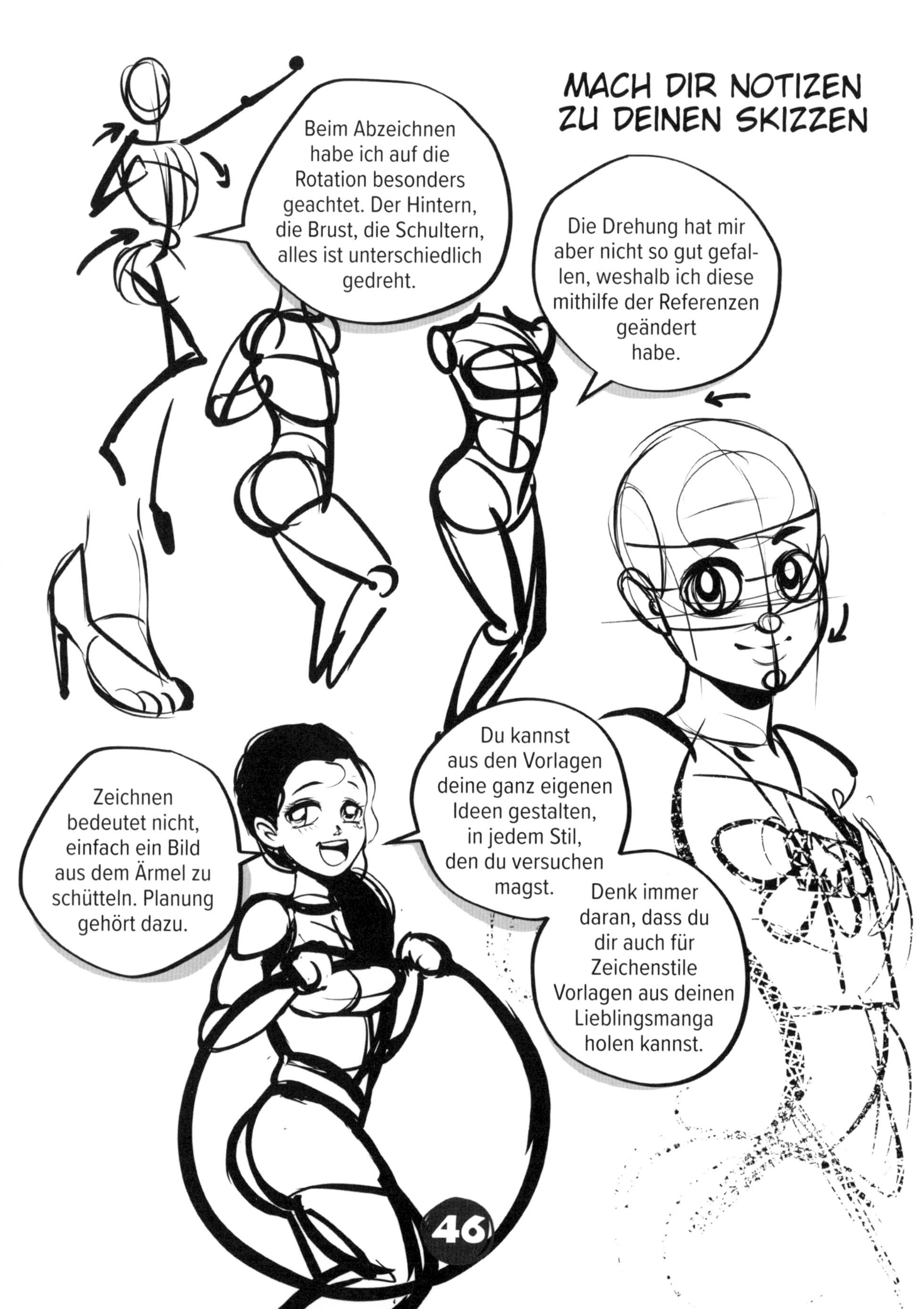

KAPITEL 4:
VORLAGEN

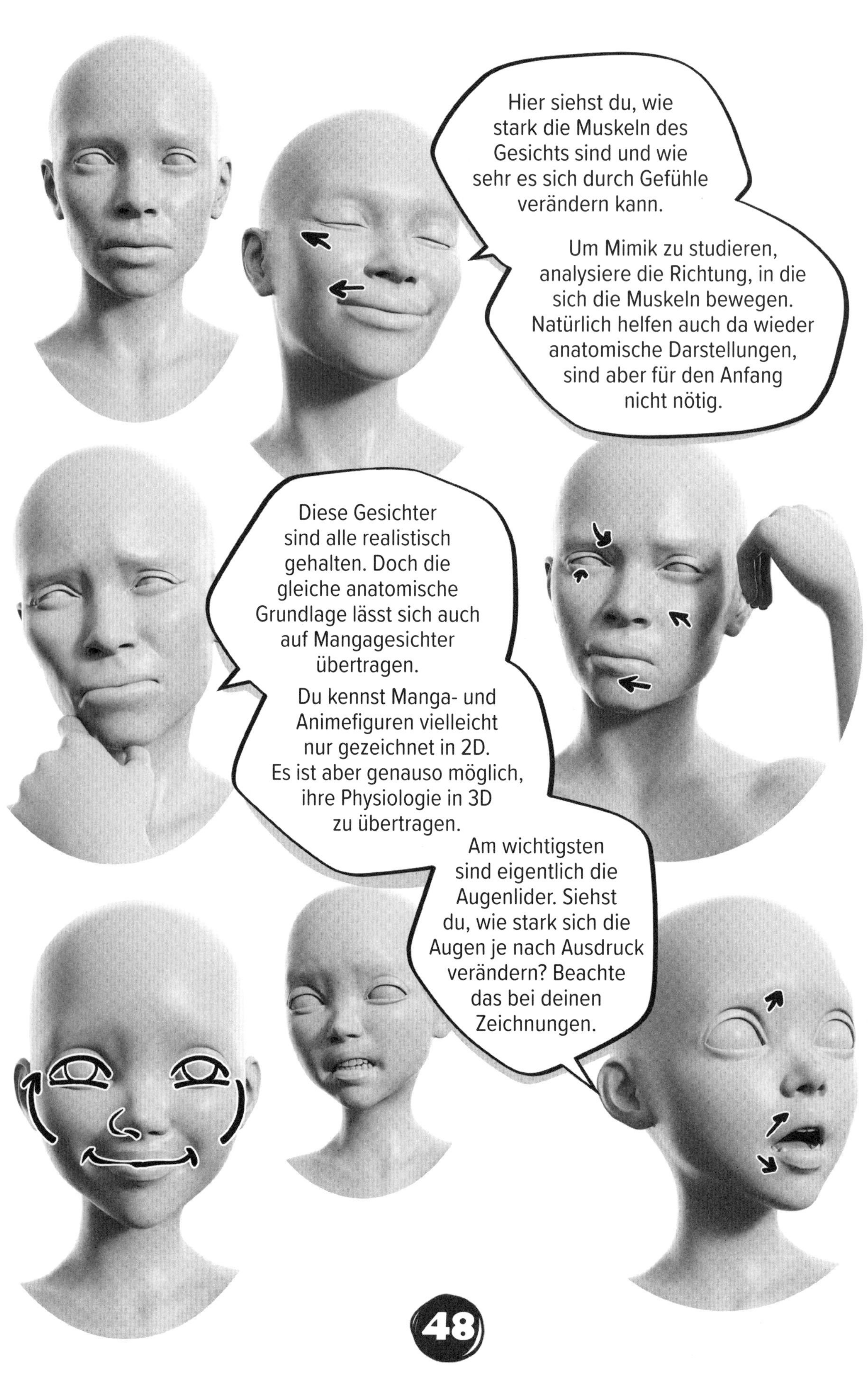
Hier siehst du, wie stark die Muskeln des Gesichts sind und wie sehr es sich durch Gefühle verändern kann.
Um Mimik zu studieren, analysiere die Richtung, in die sich die Muskeln bewegen. Natürlich helfen auch da wieder anatomische Darstellungen, sind aber für den Anfang nicht nötig.
Diese Gesichter sind alle realistisch gehalten. Doch die gleiche anatomische Grundlage lässt sich auch auf Mangagesichter übertragen.
Du kennst Manga- und Animefiguren vielleicht nur gezeichnet in 2D. Es ist aber genauso möglich, ihre Physiologie in 3D zu übertragen.
Am wichtigsten sind eigentlich die Augenlider. Siehst du, wie stark sich die Augen je nach Ausdruck verändern? Beachte das bei deinen Zeichnungen.

Gefühle können
auch dezent aus-
gedrückt werden.
Manga ist aber eher
dafür bekannt,
dass Gefühle mit
Übertreibungen
dargestellt
werden.
Übertreibe ruhig
bei deinen Übungen.
Mich haben die
Ausdrücke von Cartoon-
charakteren viel
gelehrt.

So viele unterschiedliche Zeichenstile und doch tragen sie alle meine persönliche Note. Das liegt an der Linienführung. Dick zu dünn ist mein Markenzeichen.
Doch so fing ich mit meinen Zeichnungen nicht an. Die Technik, Linien so zu formen, habe ich durch das Abzeichnen meiner Lieblingskünstler gelernt.
Wenn dir ein Stil gefällt, dann scheue dich nicht, ihn in deine Übungen miteinzubeziehen.

Natürlich sind Augen von der Seite rund, aber im Manga werden sie oft gerade dargestellt.

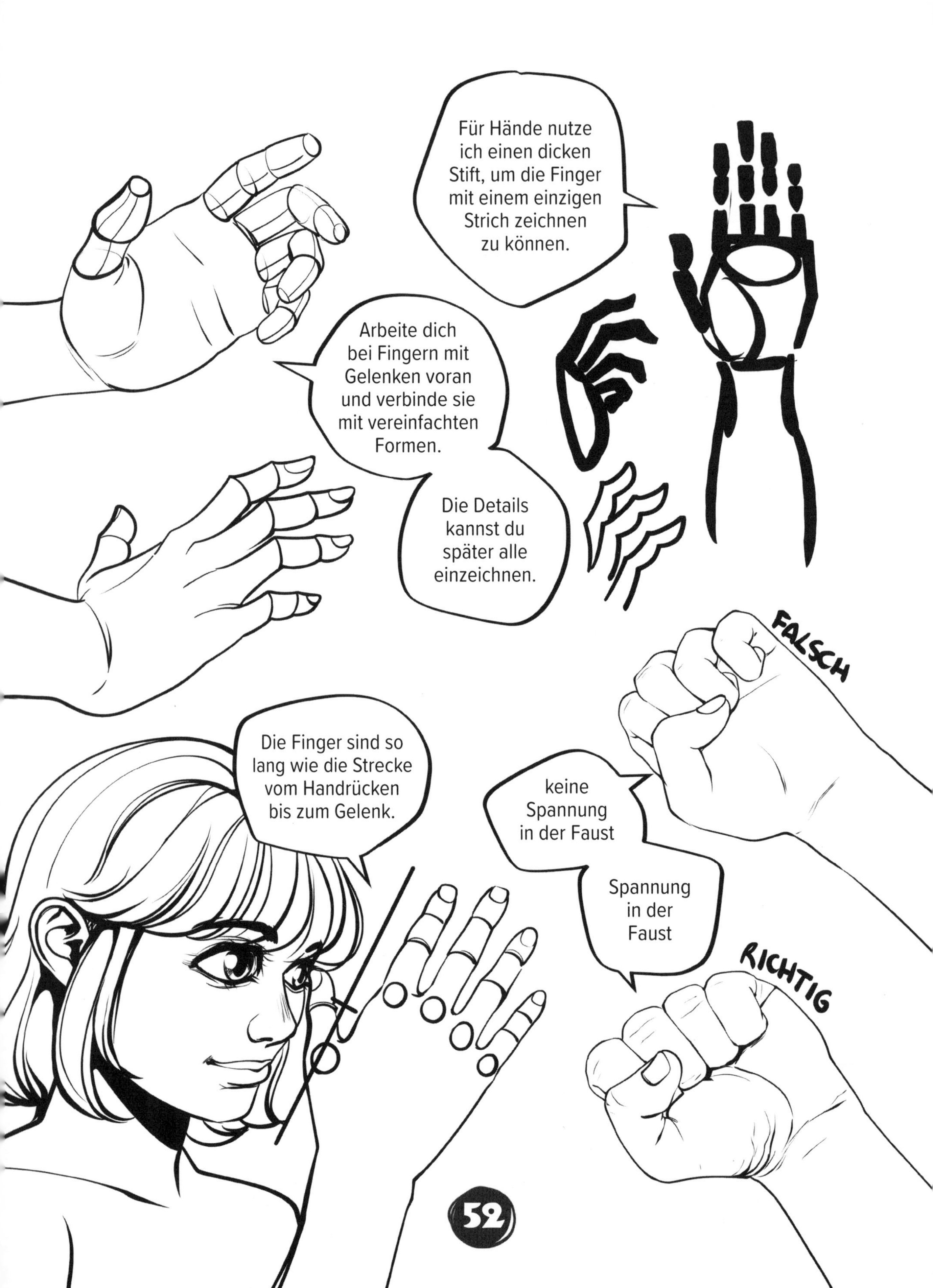
Für Hände nutze ich einen dicken Stift, um die Finger mit einem einzigen Strich zeichnen zu können.
Arbeite dich bei Fingern mit Gelenken voran und verbinde sie mit vereinfachten Formen.
Die Details kannst du später alle einzeichnen.
FALSCH
Die Finger sind so lang wie die Strecke vom Handrücken bis zum Gelenk.
keine Spannung in der Faust
Spannung in der Faust
RICHTIG

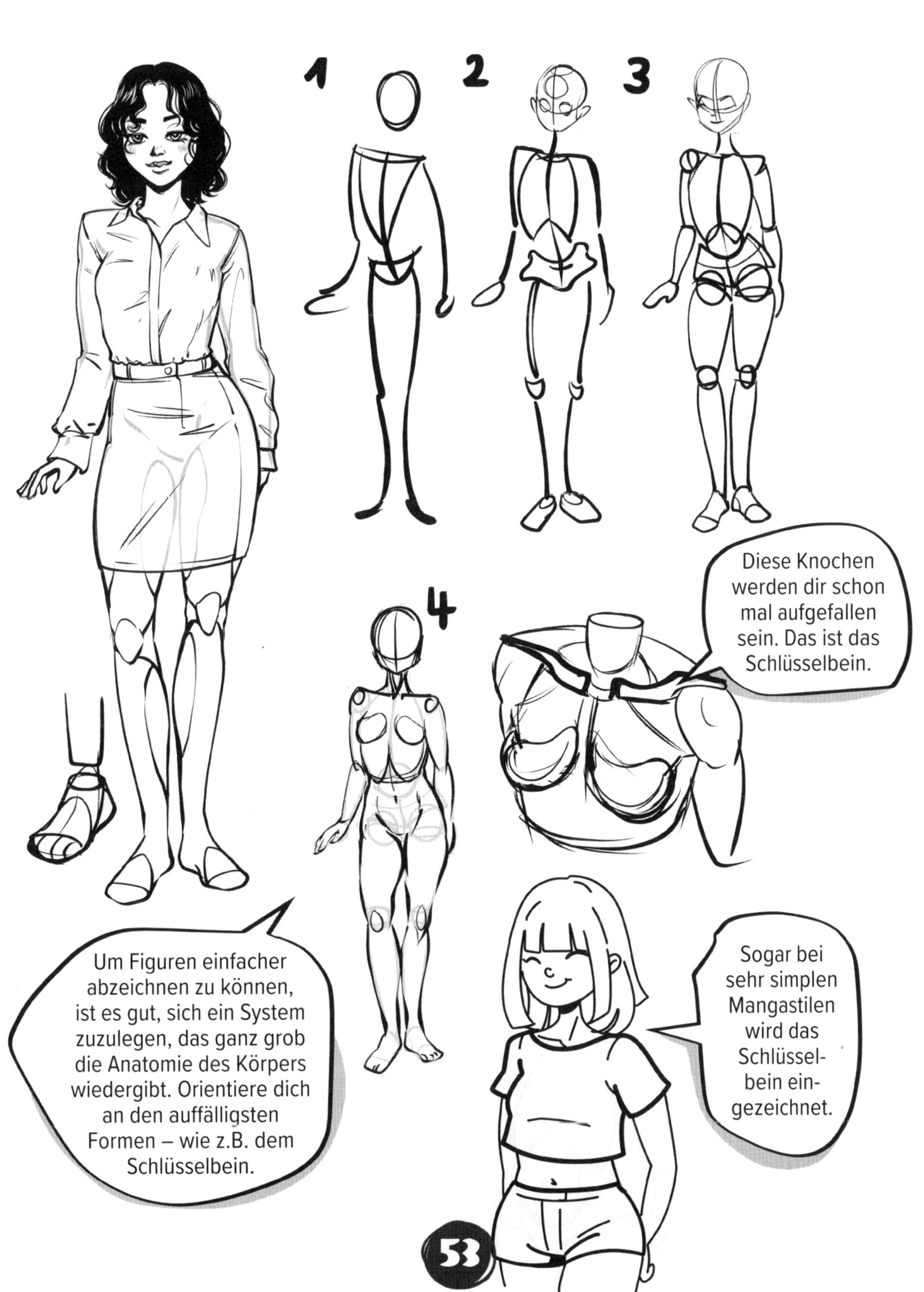
1
2
3
4
Diese Knochen werden dir schon mal aufgefallen sein. Das ist das Schlüsselbein.
Um Figuren einfacher abzeichnen zu können, ist es gut, sich ein System zuzulegen, das ganz grob die Anatomie des Körpers wiedergibt. Orientiere dich an den auffälligsten Formen – wie z.B. dem Schlüsselbein.
Sogar bei sehr simplen Mangastilen wird das Schlüssel-bein ein-gezeichnet.

Hilfslinien zur Erinnerung. Aus den gleichen Hilfslinien lassen sich viele verschiedene Gesichter gestalten.
Beim Abzeichnen von Kleidung helfen dir wieder einmal Linien, um die Form des gesamten Objekts zu verstehen. Deshalb eignen sich Vorlagen mit Streifen oder ähnlichem.

Kleidung wirft meistens Falten. Das passiert, weil der Stoff gedrückt, gestreckt, gedehnt, gestaucht wird.
Zeichne dir zunächst für deine Kleidung nur die einfachen Formen ein. Falten kommen später.
Schnapp dir etwas Stoff und experimentiere damit herum. Drücken, strecken, quetschen – beobachte die Faltenbildung, mach ein paar Skizzen.
Kleidung drückt Muskeln und Speck zusammen und lässt Rundungen teilweise verschwinden.

Das hier ist eine echt schwierige Pose: leichte Vogelperspektive und dann in der Hocke. Zeit für Hilfslinien!
Die Dynamik dieser Haltung kommt durch die starke Drehung des Körpers.
Wenn du das Gitter zum Abzeichnen nutzt, kannst du dir ein eigenes „Malen nach Zahlen“ basteln. Achte aber darauf, die Punkte nicht stumpf zu verbinden.
Zeichne dir wieder die verschiedenen Winkel ein, um die Pose besser erfassen zu können.
Die gleiche Pose aus einem anderen Winkel. Sieht gar nicht mehr so dynamisch aus, hilft dir aber, den Abstand der Arme zu verstehen.
Die Punkte sollen dir nur Orientierung geben. Ziehe trotzdem freie und schwungvolle Linien zum Verbinden. Wenn jemand das Bild betrachtet, soll er keine Linien wahrnehmen, sondern die Figur.
Das erzielst du, wenn jede deiner Linien einen Zweck erfüllt. Ziehe sie im Bewusstsein, was sie darstellen sollen.

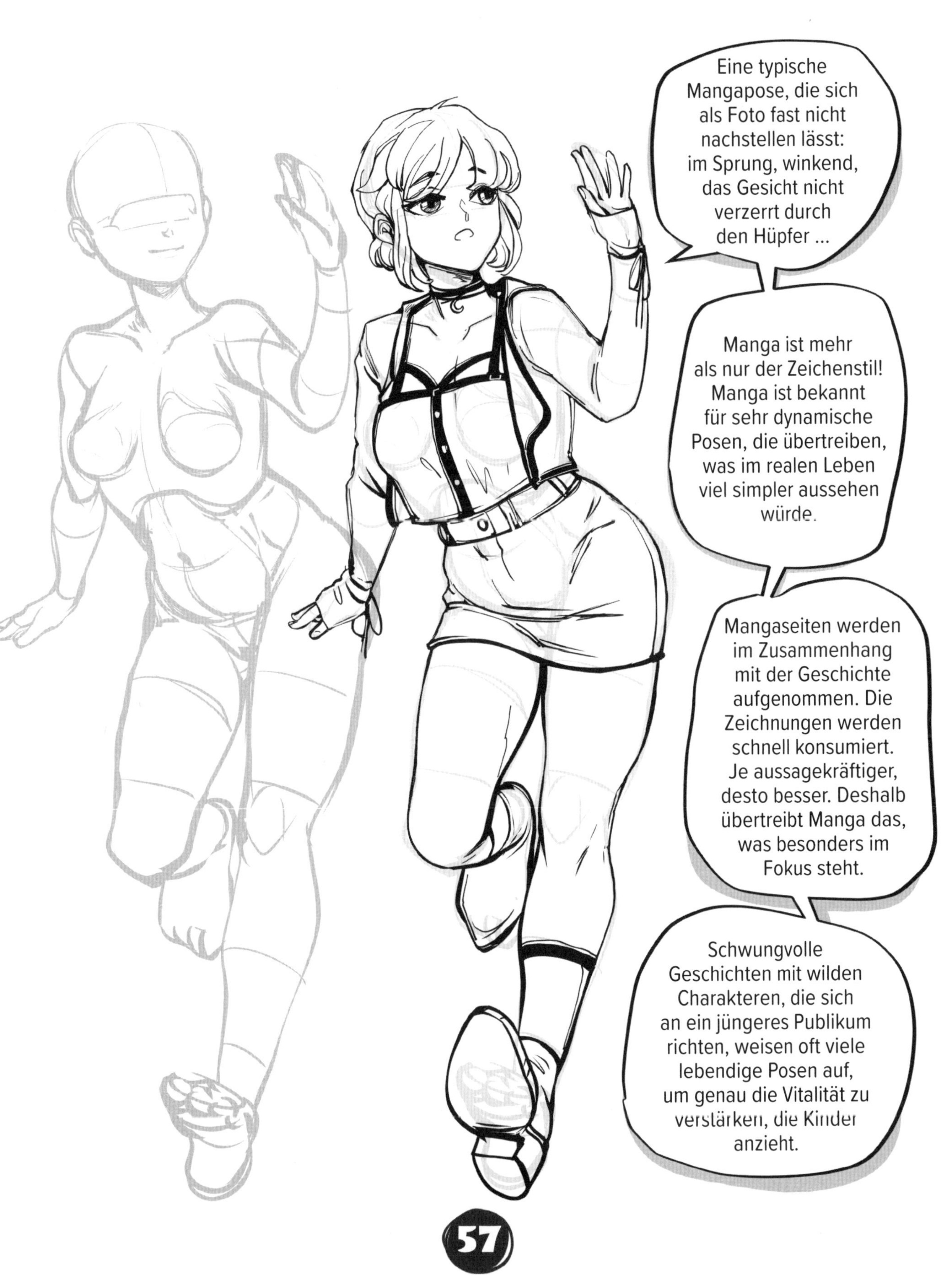
Eine typische Mangapose, die sich als Foto fast nicht nachstellen lässt: im Sprung, winkend, das Gesicht nicht verzerrt durch den Hüpfer ...
Manga ist mehr als nur der Zeichenstil! Manga ist bekannt für sehr dynamische Posen, die übertreiben, was im realen Leben viel simpler aussehen würde.
Mangaseiten werden im Zusammenhang mit der Geschichte aufgenommen. Die Zeichnungen werden schnell konsumiert. Je aussagekräftiger, desto besser. Deshalb übertreibt Manga das, was besonders im Fokus steht.
Schwungvolle Geschichten mit wilden Charakteren, die sich an ein jüngeres Publikum richten, weisen oft viele lebendige Posen auf, um genau die Vitalität zu verstärken, die Kinder anzieht.

„Chibi“ ist Japanisch und bedeutet so viel wie „winzig“.
Die kleinen Charaktere kommen oft zum Einsatz, wenn es um witzige Szenen geht.
Sie sind besonders beliebt, weil sie sich so niedlich gestalten lassen.
Chibi-Körper sind noch simpler aufgebaut als die eines Kindes.
Dabei wird auf sehr viel Detail verzichtet.

Im Manga werden Körper ebenso vereinfacht wie alles andere.
Muskeln werden nur grob definiert, und Speck bekommt nur so viel Detail, dass man ihn erkennt.
Bedenke, wie stark Kleidung die Körperform verändern kann.
Masse hat Gewicht, je mehr Masse, desto mehr zieht es das Gewebe nach unten.
Aber das ist von Mensch zu Mensch verschieden.

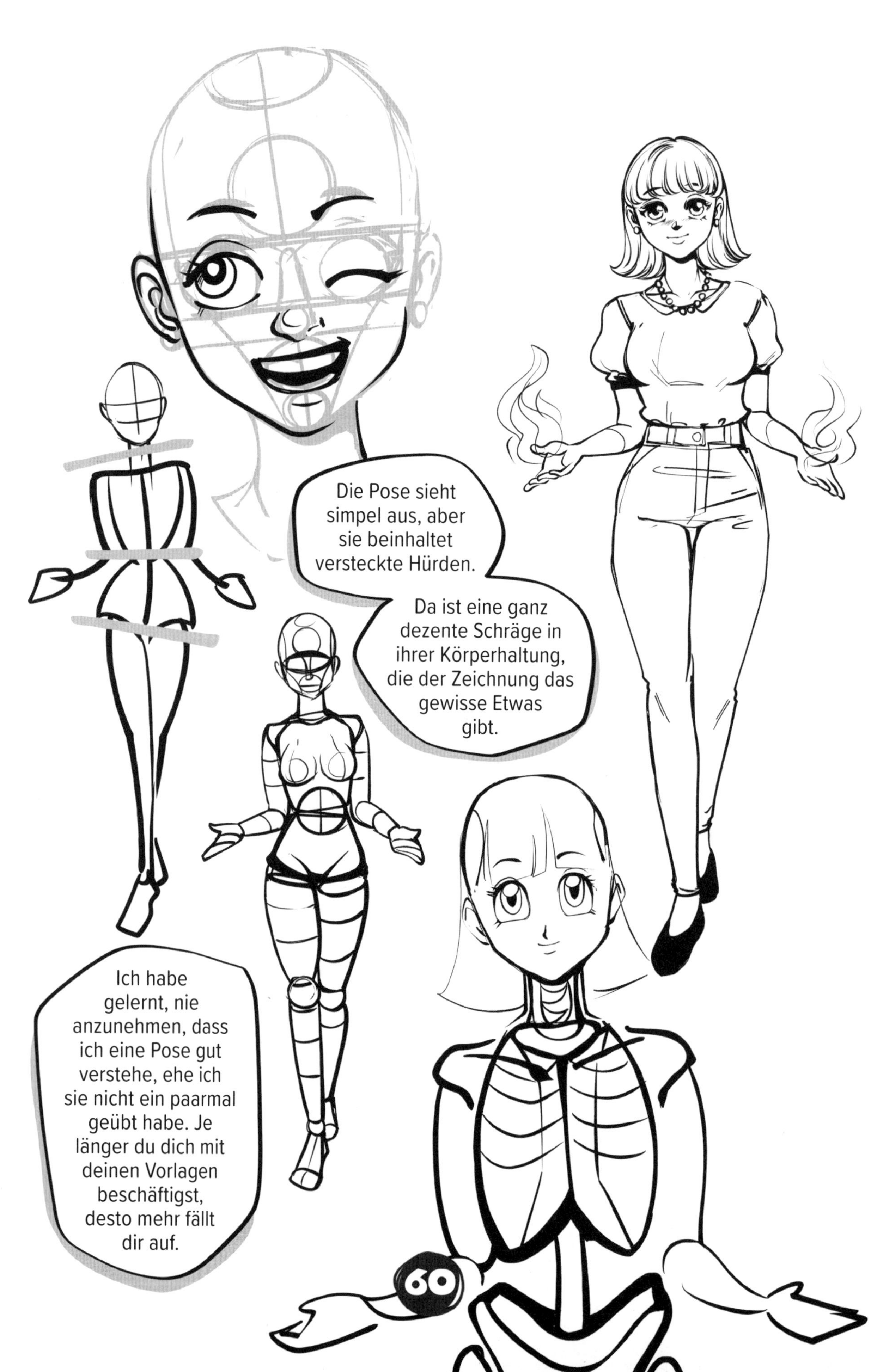
Die Pose sieht simpel aus, aber sie beinhaltet versteckte Hürden.
Da ist eine ganz dezente Schräge in ihrer Körperhaltung, die der Zeichnung das gewisse Etwas gibt.
Ich habe gelernt, nie anzunehmen, dass ich eine Pose gut verstehe, ehe ich sie nicht ein paarmal geübt habe. Je länger du dich mit deinen Vorlagen beschäftigst, desto mehr fällt dir auf.
60

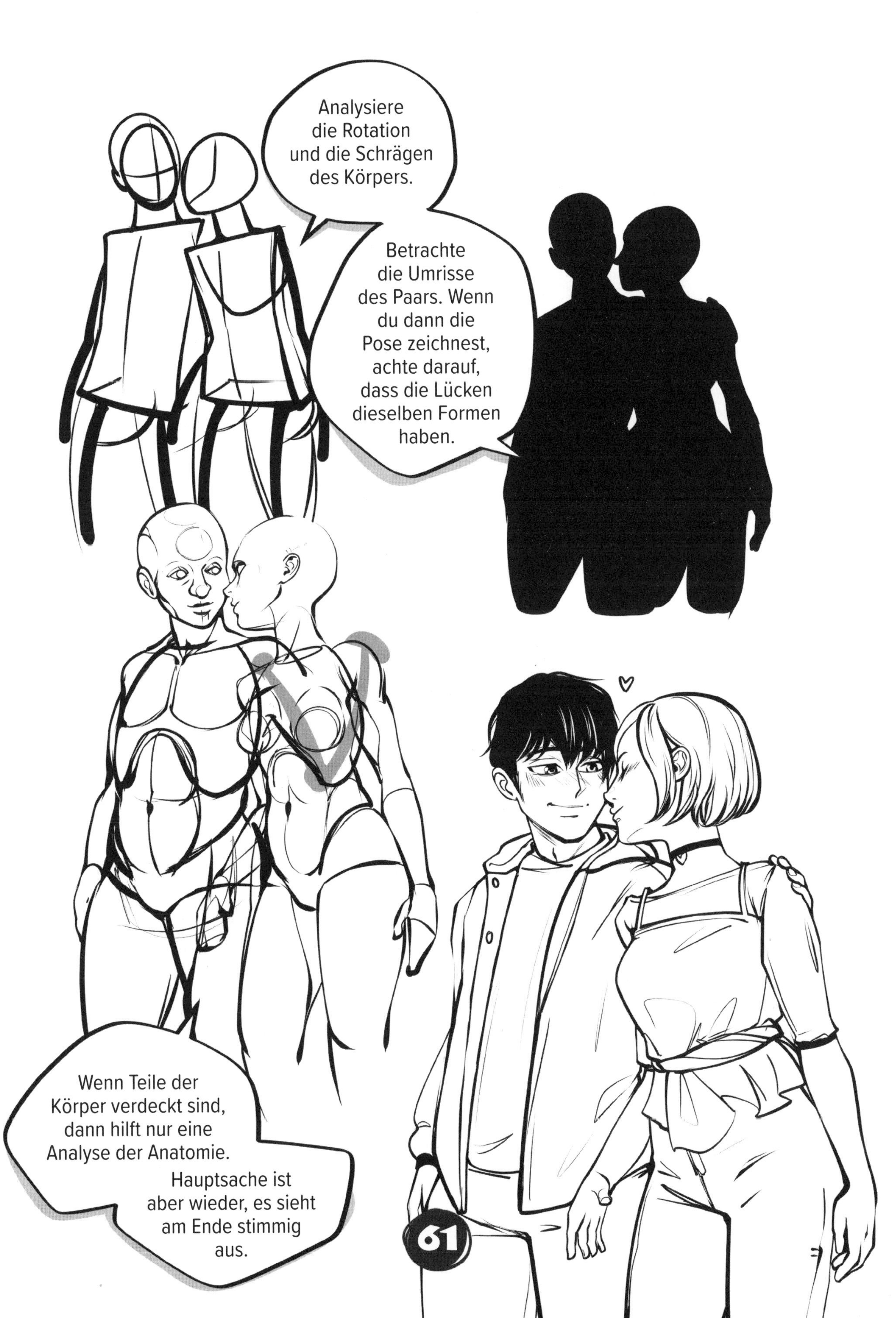
Analysiere die Rotation und die Schrägen des Körpers.
Betrachte die Umrisse des Paars. Wenn du dann die Pose zeichnest, achte darauf, dass die Lücken dieselben Formen haben.
Wenn Teile der Körper verdeckt sind, dann hilft nur eine Analyse der Anatomie.
Hauptsache ist aber wieder, es sieht am Ende stimmig aus.

Die Interaktion zwischen zwei Menschen ist nicht leicht zu zeichnen.
Vorlagen aus verschiedenen Perspektiven sind sehr hilfreich.
Arbeite deshalb mit Videovorlagen, die dir ein umfassenderes Verständnis für die Pose geben.
Bewegte Bilder sind die beste Quelle für Zeichenvorlagen.

Haare sind kein Helm, aber die Vorstellung kann helfen.
Genauso kannst du Hände auch vereinfachen. Manche denken dabei erst mal an Würstchen.
So, wie sie den Arm hier hebt, hebt sich auch ein Stück weit die Schulter mit an.
Ich bevorzuge die Fäustlingmethode. Ohne die Finger ist die Form einer Hand erst mal einfacher. Finger füge ich dann am Ende hinzu.

Hier ist die Perspektive besonders wichtig. Schon kleine Fehler fallen auf.
Analyse: Wir sehen den Kopf von unten, die Schultern von oben, der Körper ist leicht verdreht.
Ich sprach schon über „negativen Raum“, hier in Grau eingezeichnet.
Diese Formen kannst du dir bei jedem komplexen Objekt selbst einfach einzeichnen.
Gesichter von unten können schnell gruselig aussehen, deshalb deute ich hier die Perspektive nur leicht an.
Der kleine Schlenker der Hüfte macht die Pose so dynamisch.
In solchen Fällen kann dir ein perspektivisches Muster auf dem Boden helfen, die Dimensionen zu begreifen.

Für Falten starte erst mal flach und mit simplen Hilfs- linien.
Dann schau dir genau an, wie Stoff sich verändert, wenn er gedrückt, gestaucht, geschoben wird. Die Fläche muss ja irgendwohin, also verteilt sie sich dorthin, wo noch Platz ist.
Je nach Art ist Stoff mehr oder weniger elastisch. Dicker Stoff wirft andere Falten als dünner. Wenn du mit Vorlagen übst, schau dir die Beschaffenheit ganz genau an.

Eigentlich sehen wir Hände nicht als so groß, wenn sie ausgestreckt werden. Aber es wirkt auf uns so.
Deshalb wird hier übertrieben. Als wäre es mit einem Fisch-augenobjektiv aufgenommen.
kleine Erinnerung an die Arbeit mit Augen in Perspektive
Die Figur ist ganz leicht von oben zu sehen, die Perspektive ist minimal gewölbt.
Zeichne dir die Formen einer solchen Figur auf Papier und schneide sie aus, puzzle die Pose zu-sammen. So kannst du sie durch Verschieben und Drehen leicht an-passen.

Selten gesehene Posen sind eine besondere Herausforderung: Denn sogar korrekt gezeichnet können sie falsch auf uns wirken, wenn wir sie zu lange anstarren.
Spannend, wie ungelenk die Pose aus einem anderen Winkel aussieht.
Es kann helfen, Skizzen ein paar Tage liegen zu lassen. Mit zeitlichem Abstand fallen dir die Fehler eher auf.
Natürlich sieht es gut aus, wenn die Kleidung so sauber gezeichnet ist. Ich habe sie fast 1:1 von meiner Fotovorlage übernommen. Aber schau, auch unsauber gezeichnet wirkt das Bild noch. Gerade bei Mangaseiten, die selten lange betrachtet werden, ist Detail nicht immer wichtig.

Die Linien für die feinere Arbeit ziehe ich im Zickzack.
Auch kurze glatte Haare bilden Strähnen. Hier habe ich mit Zacken als Vorlage gearbeitet.
Probiere verschiedene Winkel durch, bis du den ansprechendsten findest.
Hier, mit dem Blick direkt auf den Schritt der Figur, sieht die Pose unvorteilhaft aus.
Manchmal wirst du dir Posen ausdenken, die aus deinem Winkel gut aussehen, aber aus einer anderen Perspektive merkst du, dass sie unmöglich oder sehr unbequem sind.
Das sieht man im Mangabereich sehr oft, manchmal ist das akzeptabel, aber es kann Betrachtende zum Stutzen bringen.

Auch 3D-Modelle können gute Vorlagen sein.
Dieses Outfit ist inspiriert von einem Daz 3D-Modell. Es gibt einige kostenlose Programme für Figuren, wie Blender und Daz 3D.
3D-Modelle können noch steifer wirken als andere Vorlagen. Bei der Arbeit mit ihnen musst du den Fokus deshalb besonders auf die Dynamik legen!

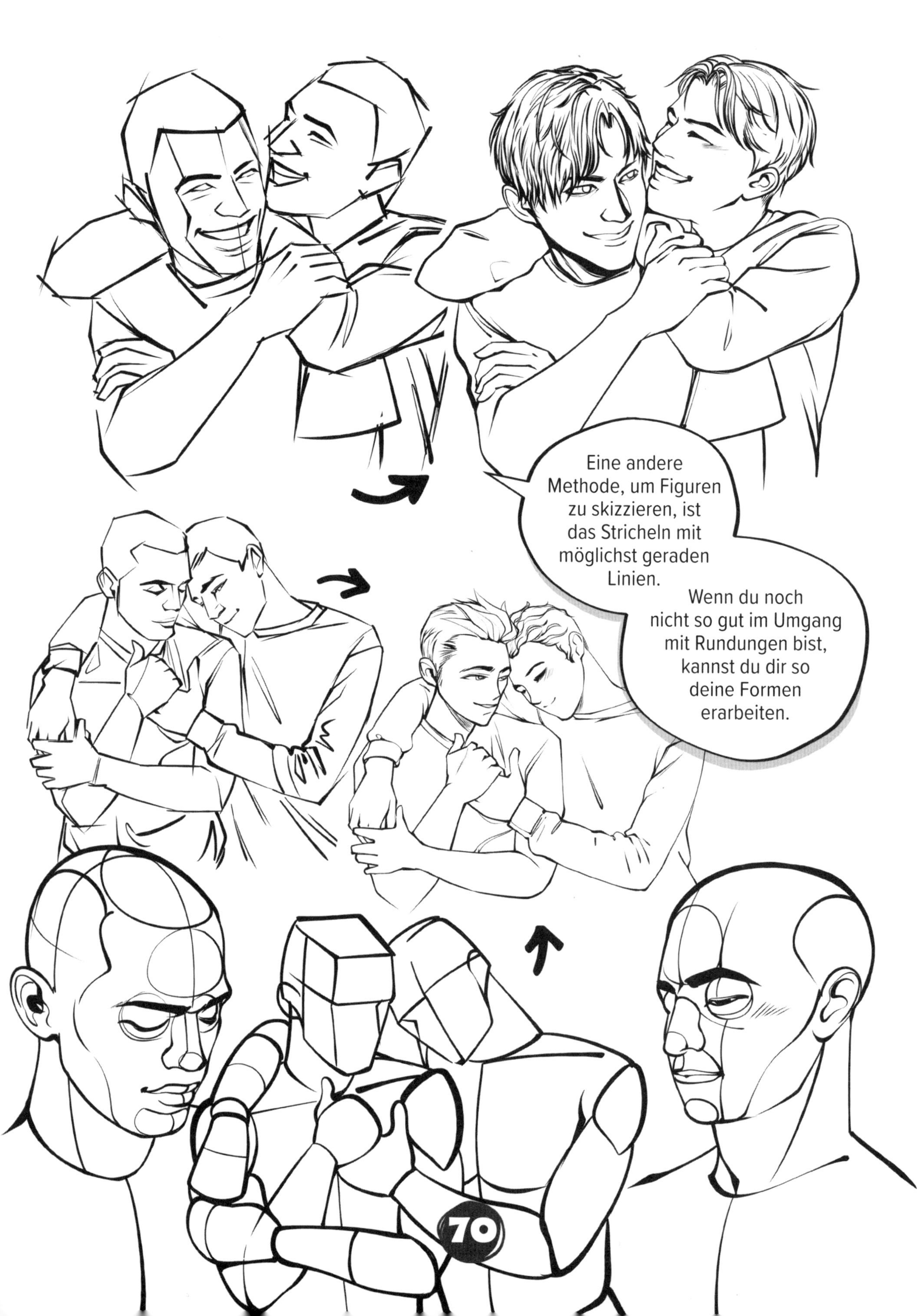
Eine andere Methode, um Figuren zu skizzieren, ist das Stricheln mit möglichst geraden Linien.
Wenn du noch nicht so gut im Umgang mit Rundungen bist, kannst du dir so deine Formen erarbeiten.

Er könnte
sich auch auf einen
Tisch aufstützen.
Wandle die Vorlagen
gerne ab, wie es dir
passt.
Spiel ruhig mit
der Linienstärke
deiner Zeichnungen.
Ich nutze dickere Linien,
wenn die Linie einen
intensiveren Schatten
umreißt.

Wenn du Oberkörper zeichnest, behalt immer im Blick, wie groß der Brustkorb ist – mit den Rippen, die u.a. unsere Lunge schützen.
So lästig es erscheint, vergiss deine Vorzeich-nungen nicht!
Gleiche Pose, andere Haltung: deutlich entspannter. So schnell ändert sich die Ausstrahlung.

Achte hier besonders auf die Drehung der Körper.
Je nach Stil werden Flügel an die Schulterblätter oder dazwischen gezeichnet.
Elfen kommen in allen Formen und Größen vor. Der Trick für runde Kurven jeder Art sind die Form umschmeichelnde Linien. Dünn für Helligkeit, dick an schattigen Stellen.

Bei Haaren kümmere dich erst um den Umriss, die grobe Form.
Auf diesem Umriss kannst du aufbauen. Zeichne die Strähnen ein.
Je nachdem, wie viele Details du möchtest, können es viele oder wenige Strähnen sein.
Pass auf Ausreißer auf. Das hier sieht zottelig aus.
1
2
3

Auch ein Rücken kann viel vermitteln. Spannung lässt sich an der Haltung allein ablesen. Schon ein Blick über die Schulter reicht, um einen Ausdruck zu zeigen.
Für diese Pose habe ich einen viel unordentlicheren Stil gewählt, denn diese harschen Linien unterstützen die Szene, den Charakter und die Pose.

Das hier sieht schon mehr nach Manga aus, nicht? Was ein paar Rasterfolien ausmachen können.
Der Trick mit „Der Körper ist so und so viele Köpfe groß“ muss immer an die Perspektive der Charaktere angepasst werden.
Mangakopf
realistische Kopfgröße
Wäre sie nackt, müsste der Busen bei dem Gewicht hängen. Aber ich zeichne sie ja mit Kleidung, und darunter trägt sie einen BH. Denk immer auch an das Darunter!
Mangafiguren haben oft größere Köpfe in Relation zu ihrem Körper.

Es braucht oft Dutzende Zeichnungen, bis ich mit der Pose zufrieden bin.
Hier fehlte die richtige Balance.
Bei der jungen Figur hingegen hatte ich die ganze Zeit das Gefühl, sie ist zu steif. Dann hab ich die Pose als Foto reproduziert und … sie sah genauso aus. Manchmal führt einen das Gehirn an der Nase herum.

Damit etwas stehen kann, muss das Gewicht richtig ausbalanciert sein. Das gilt besonders für Menschen.
Wir erkennen sofort, wenn an der Balance einer Figur etwas seltsam erscheint. Da hilft auch das schönste Bild nicht.
Achte auf den Schwerpunkt der Figuren, die du zeichnest. Worauf stehen sie? Woran lehnen sie?

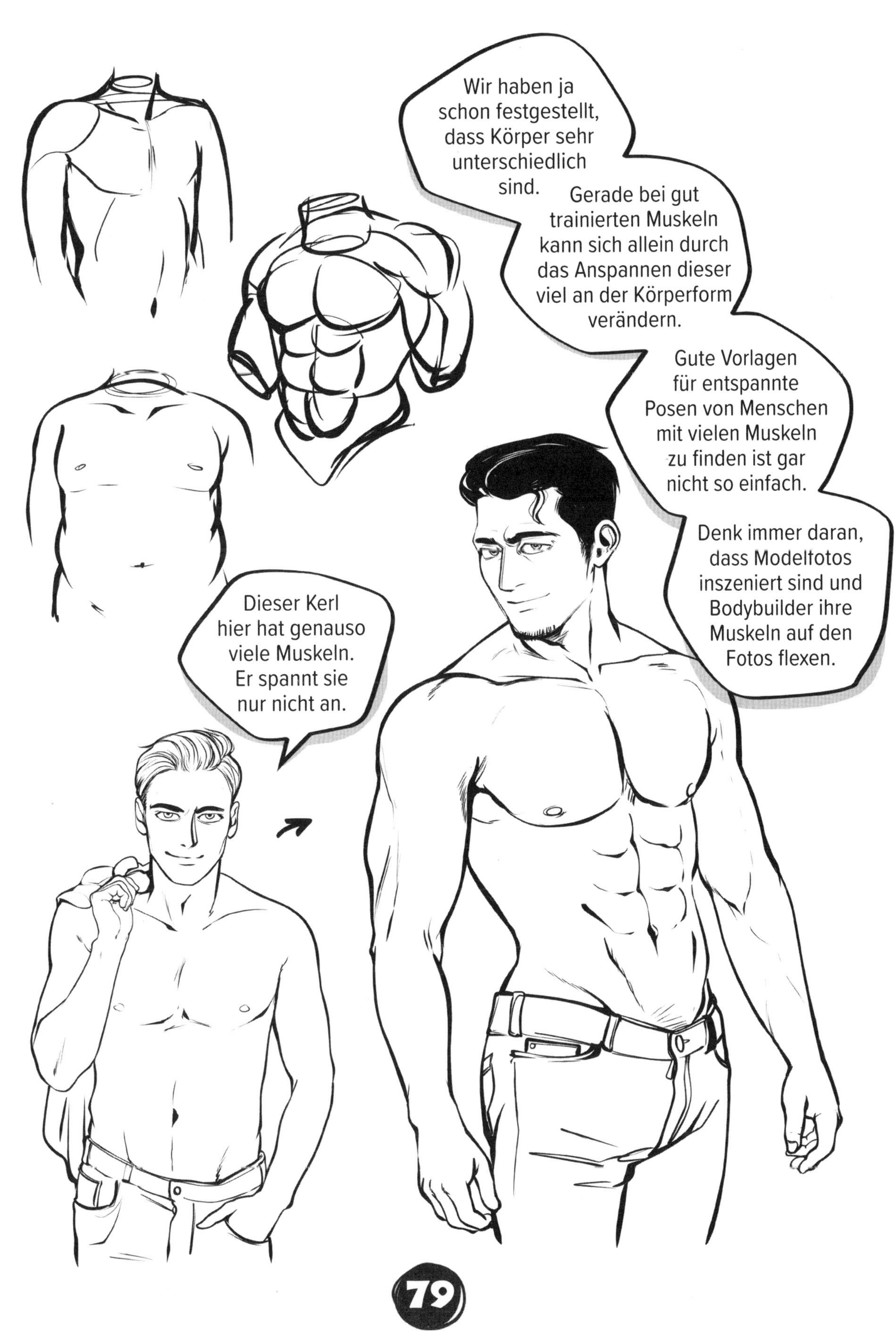
Wir haben ja schon festgestellt, dass Körper sehr unterschiedlich sind.
Gerade bei gut trainierten Muskeln kann sich allein durch das Anspannen dieser viel an der Körperform verändern.
Gute Vorlagen für entspannte Posen von Menschen mit vielen Muskeln zu finden ist gar nicht so einfach.
Denk immer daran, dass Modelfotos inszeniert sind und Bodybuilder ihre Muskeln auf den Fotos flexen.
Dieser Kerl hier hat genauso viele Muskeln. Er spannt sie nur nicht an.

Es gibt viele Zeichenbücher über Anatomie. Du wirst auch viel im Internet finden. Um Muskeln zu verstehen, werden sie verstärkt dargestellt. Aber gerade weiche Mangacharaktere zeigen selten diese starken Kurven.
Es sind winzige Nuancen dieser Muskeln, die einem schlanken Arm den letzten Schliff geben.

Ohren sind knorpelig. Ihre Form hilft uns, effizient zu hören. Dennoch sehen Ohren bei jeder Person etwas anders aus.
Wenn du sehr realistische Ohren zeichnest, denk an ihre individuelle Form.
Es gibt viele Wege, ein Ohr stilisiert dar- zustellen.
Du entscheidest, wie realistisch du einzelne Parts deines Stils gestaltest. Ohren sind ein gutes Beispiel. Sie brauchen gar nicht so realistisch zu sein, denn wir achten kaum auf ihr Aussehen.

Flügel mit Federn lassen sich in mehrere Flächen teilen.
Das darunterliegende Skelett zeigt, dass Schwingen Armen und Fingern ähneln.
Wie bei Händen ist es zu empfehlen, erst mit den Gliedern anzufangen und diese dann zu verbinden.

Tiere gestalte
ich aus *Bohnen*-
formen.
Mit diesen
Formen beginnt
man auch beim
Erstellen von
Tonfiguren.

Wenn du die ursprünglichen „Bohnenformen“ runder/einfacher umgestaltest, wird daraus ein Tier im Mangastil.
Schau, die Chibi-Echse, so süß!
Wenn dir die runden Formen nicht liegen, dann gehen auch wieder die einfachen Linien.

KAPITEL 5:

WIE GEHT EIGENTLICH MANGA?

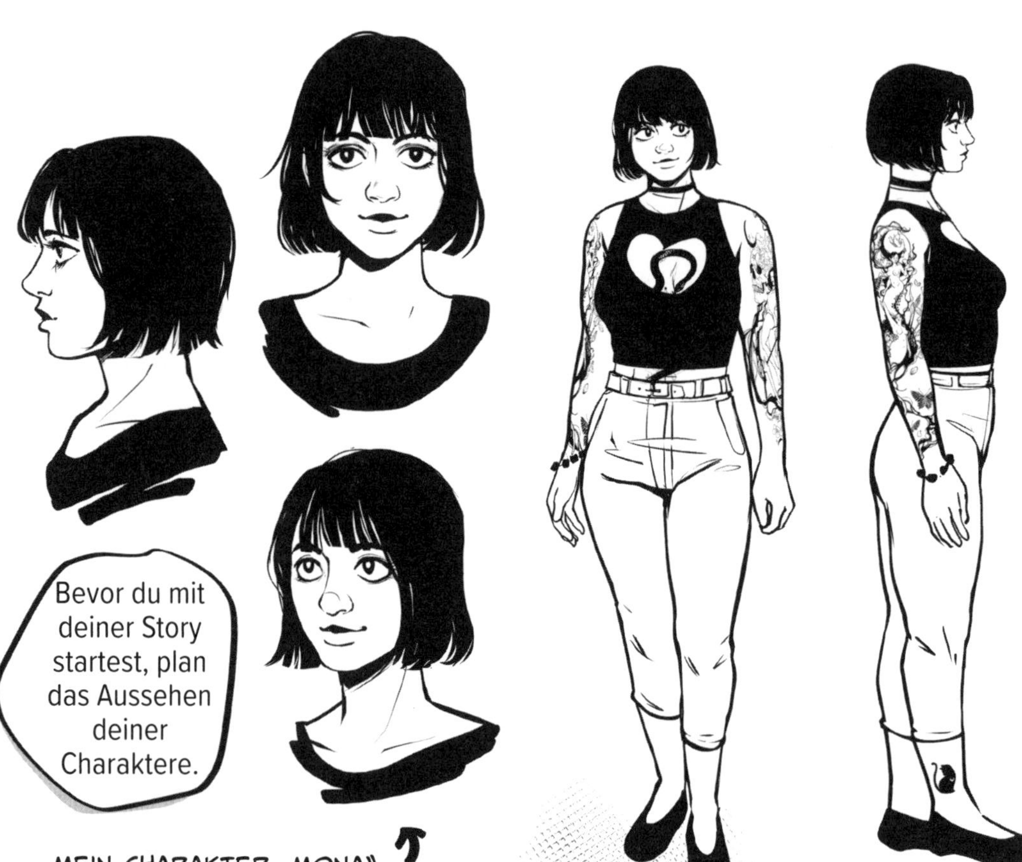

Ein Manga beginnt mit der Geschichte. Dafür brauchst du Charaktere und eine Handlung. Meist gibt es mehrere Probleme, die gelöst werden müssen, und der Lösungsweg lässt die Charaktere wachsen, erzeugt Spannung durch Erfolge und Rückschläge und bringt den Lesenden die Figuren näher.
Manga zu zeichnen heißt also auch, dass du dich neben dem Handwerk des Zeichnens ebenso mit dem Schreiben von Geschichten auseinandersetzen musst. Das ist ein Thema für sich, aber ich kann dir einen Tipp geben: Alles sollte einen Sinn ergeben.

Frag dich immer: Bringt das die Handlung voran? Ist es wichtig für den Charakter? Unterhält diese Szene?

Du darfst Mona als Vorlage nutzen, aber ihr Design gehört mir. Design: Das ist die Kombination ihres Stils und Aussehens (z.B. die Tattoos), ihres Namens und ihrer Geschichte. Es ist wichtig, dass du das geistige Eigentum anderer achtest.

So wie alle Charaktere, die du erschaffst, auch dir gehören.

Beginnen wir mit dem Aufbau. Wie funktioniert das eigentlich, wenn eine Geschichte in Fenstern (Panel genannt) erzählt wird? Wichtig ist dabei vor allem eine klar erkennbare Reihenfolge, in der die Panels aufgeteilt sind. Hilfreich sind immer gleiche Abstände, die ein gewisses Grundlayout erzeugen.

Manga erzählen Geschichten mit Bild, Text und Geräuschwörtern, bekannt als Soundwords. Für jede Geschichte findet sich der passende Erzähl- und Zeichenstil.

Ich mache die horizontalen Abstände breiter als die vertikalen. Diese Abstände ändere ich auch nicht, bis auf kleine Ausreißer.

Manchmal muss das Design eben für eine Szene etwas abgeändert werden.

Sprechblasen können auch mal über die Panelrahmen gehen, Panels „über" den Rand.

Es muss auch nicht immer alles gerade sein. Schrägen erzeugen viel Dynamik.

Mangaseiten zu gestalten ist das reinste Designstudium. Allein über die Aufteilung gibt es so viel zu lernen, dass es ein Extrabuch bräuchte. Aber wieso nicht auch hier so starten wie bei den Mangazeichnungen? Abgucken ist der Trick. Lerne von anderen.

Schaff dir frühzeitig gute Tools zum Arbeiten an. Wenn du mit Papier arbeiten willst, brauchst du gute Lineale und viele Brushpens, eventuell sogar Feder und Tinte.

Ich empfehle für Manga inzwischen die digitale Arbeit. Dafür brauchst du ein stiftfähiges Tablet wie ein *iPad* oder ein *Galaxy Note*. Für Desktop-Computer gibt es Grafiktablets und Pendisplays u.a. von *WACOM*, *Huion* und *Artisul*. Diese Tools lassen dich digital mit einem Stift arbeiten. Programme wie *Clip Studio Paint* (Win, macOS, iOS, Android), aber auch *Procreate* (iOS), *Infinite Painter* (Android, iOS), *Krita* (Win, macOS), *Paint Tool Sai* (Win, macOS), sogar *Photoshop* (Win, macOS, iOS, Android) bieten jede Menge Hilfen, die dir das Mangazeichnen erleichtern.

Gerade für Manga werden viele Vorlagen genutzt. Posentools wie *Design Doll* (Win) oder gar das eingebaute Posentool von *Clip Studio Paint* nehmen dir viel Arbeit ab. Beim Mangazeichnen gilt nämlich: **Arbeite klug, nicht schwer!**

Geschichten brauchen Planung. Nimm dir die Zeit, ehe du dich an deinen Comic setzt.
Am Anfang steht die Idee deiner Geschichte. Fürs Mangazeichnen solltest du auf jeden Fall plotten.
Das Grundkonzept einer Geschichte wird Plot genannt. Du schreibst die ganze Handlung so auf, dass du kein Detail vergisst: von Anfang bis Ende, mit allen Höhepunkten.
TIFFY
Einstieg in das Kapitel
Teil dir ein großes Blatt in lauter kleine Mangaseiten auf, notiere dir neben ihnen, was darin vorkommt: die Dialoge, andere wichtige Details.
MONA
KAPITEL #01
Dann kannst du anfangen, deine Szenen grob zu skizzieren – wie bei einem Storyboard für einen Film.
Beim Skizzieren wirst du eventuell deine Planung umschmeißen müssen. Visuelle Darstellung verhält sich anders als schriftliche.
Du wirst durch Ausprobieren viel lernen und deinen Weg finden.

Wie viel Raum du deinen geplanten Szenen gibst, hängt davon ab, wie wichtig sie sind und wie viel Platz es braucht, damit alle Details gezeigt werden können, die nötig sind, um die Geschichte zu verstehen.

Zeichne dir in deine Entwürfe die Erzählrichtung ein und schau, ob sie eindeutig rüberkommt. Panels nebeneinander werden auch aufeinander folgend gelesen.

Es geht von oben nach unten, von links nach rechts.

(Oder traditionell japanisch: von rechts nach links.)

Deshalb auch die breiteren Abstände zwischen Panels, die von oben nach unten gehen.

Das führt das Auge beim Lesen automatisch von links nach rechts.

Skizzenbücher sind nicht nur für Skizzen gedacht. Wenn du ein Layout für Mangaseiten siehst, das dir gefällt, dann notier es dir für später.

Und so sieht das aus, wenn ich eine Mangaseite gestalte.

Erst mal die schnelle Skizze mit der Aufteilung und den Texten.

SPRECHBLASE 1:
BOAHR ,WIE GERNE WÜRDE ICH DIE JETZT ALLE WEG-HEXEN!

TEXTBOX 1:
NÄCHSTER HALT: BÖRNEPLATZ.

ZOMBIES:
RAUUUUSSS RAUUUUS

SPRECHBLASE 2:
JA BITTE, STEIGT AUS ... GAR KEINEN BOCK, MICH AN EUCH ZOMBIES VORBEIZUDRÜCKEN ...

Ich fange direkt an, mir Referenzen zu suchen und die Skizze anzupassen.

So sieht sie dann weiter ausgearbeitet aus.

Das sind die Referenzen, die ich nutzen werde.

Mach so viel Vorarbeit, wie du eben brauchst. Du wirst dadurch sehr viel lernen und dich in kurzer Zeit verbessern.

Am Ende entscheidest du, was du erreichen willst.

Ich habe mit Webtoons angefangen, wollte meine Geschichten erzählen. Wie kindlich meine Zeichnungen aussahen, war mir völlig egal!

Ich hatte einfach nur Spaß am Manga-zeichnen!

DANKE FÜR DEINE GEDULD

Damit sind wir auch schon am Ende.
Ich hoffe, die vielen Vorlagen haben dir gefallen und konnten dich dazu ermutigen, selbst zum Stift zu greifen.

Auf meiner Website **kritzelpixel.de** findest du weitere Ressourcen zum Lernen. Auch poste ich auf *Patreon* und *Tipeee* gelegentlich Vorlagen, die während meiner Studien entstanden sind.

patreon.com/KritzelPixel
de.tipeee.com/vollkornhonig

Ansonsten findest du mich im Internet auf YouTube, Twitch, Twitter, Instagram und TikTok:

kritzelpixel.de/linktree

Ich möchte mich herzlich bei meiner Community bedanken, die in vielen Streams bei der Entstehung des Buches zugesehen und mir Feedback gegeben hat.

1. Auflage
Originalausgabe

Neumarkter Str. 28, 81673 München

Covergestaltung:
Isabel Zimmermann
Bild- und Referenznachweis:
envato elements (twenty20photos, seventyfourimages, PetlinDmitry, ndanko, tommyandone, karandaev, Fasci, nikki_meel, OksaLy, sofiiashunkina, willmilne, artfotodima, insidecreativehouse, vadymvdrobot, arthurhidden, fotorince, Ann_Mishel, 918Evgenij, Masson-Simon, 918Evgenij, friends_stock, iuliia_n, leikapro, BGStock72, PixelSquid360, Daniel_Dash, ASphotostudio, CarlosBarquero, heckmannoleg, wayhomestudioo, kiraliffe, bublikhaus, arthurhidden, kiraliffe, valeriygoncharukphoto, DC_Studio, ametov41, ebelodedova, scopioimages, claudioventrella, Wavebreakmedia, cristi180884, Satura_, master1305, ADDICTIVE_STOCK, nattanartp, oneinchpunchphotos, fxquadro, Rawpixel, Nataliantalia)
daz3D assets (Gustef, 3D Sugar, maelwenn, Propschick, Matari3D, Anna Benjamin, Mada, midnight_stories, Dogz, Fred Winkler Art, Sabby, PedroFurtadoArts, RawArt, WindField, Sixus1 Media, Mytilus, 3dLab, HM, Crocodile Liu, Barbara Brundon, Shox-Design, Umblefugly, Sade, Moonscape Graphics, GolaM, Lady Littlefox)
Layout/Satz:
Isabel Zimmermann
Druck und Bindung:
Alföldi Nyomda Zrt., Debrecen
Printed in Hungary

Penguin Random House Verlagsgruppe FSC® N001967

ISBN: 978-3-517-30330-7

Liebe*r Leser*in,

wir hoffen sehr, dir hat das Buch gefallen und würden uns freuen, wenn du eine Rezension bei deinem liebsten Online-Händler schreibst.

Hast du Fragen, Wünsche oder Anregungen? Dann schreibe gerne an: yuna@penguinrandomhouse.de.

Viele Grüße
YUNA